池上 彰
IKEGAMI Akira

超訳
日本国憲法

613

新潮社

はじめに

　二〇一四年十二月に行われた衆議院の解散総選挙。突然の解散に、野党はなすすべもなく敗北。民主党と共産党は議席を伸ばしましたが、自民党と公明党の連立政権を脅かす勢力にはなりえませんでした。

　投開票日の夜、私はテレビ東京系列の選挙特番で、安倍晋三首相と中継を結んで質問しました。衆議院で与党三分の二確保となれば、当然のことながら憲法改正が政治日程に上ってきます。その意向があるかどうかを確認したのです。

　当初、安倍首相は、憲法改正には高いハードルがあり、むずかしいという趣旨のことを発言します。あれっ、あんなに憲法改正に強い意欲を示していたこともあるのに、どうしたことか。選挙中、アベノミクスを前面に出し、経済が選挙の最大の争点だと主張していた立場上、選挙が終わった途端に「さあ、次は憲法改正だ」と言い出すのは、ま

3

ずいとでも考えたのでしょうか。「選挙中は経済に集中し、安保論争や憲法改正の発言は控えた方がいい」と安倍首相に進言していた閣僚がいました。安倍首相は、その人の助言に従っていたのかも知れません。

しかし、私が、「憲法改正に向けて、一歩一歩進んでいくということですね？」と畳みかけると、安倍首相は、「その通りです」と答えました。この瞬間、自民党本部の開票本部では多数のフラッシュが光りました。この発言を受け、「安倍首相、改憲に意欲」との新聞社の速報も流れました。

二〇一六年の夏には、参議院選挙が実施されます。ここでもし安倍首相が衆議院も解散して同時選挙に踏み切ったら、何が起きるでしょうか。衆参同時選挙は与党に有利と言われています。野党各党は、それぞれの党の運動にかかりきりになり、野党共闘ができにくくなるからです。「衆参同時選挙で、一気に憲法改正に進むべきだ」と安倍首相に進言している有力政治家も存在します。

戦後七十年。遂に日本国憲法は、改正に向かうのでしょうか。

実は、第二次安倍政権の誕生以降のこうした動きに、思わぬ所から発言が飛び出しています。発言の主は天皇陛下でした。

はじめに

　二〇一三年十二月に八十歳の傘寿を迎えられた天皇陛下は、誕生日に当たっての記者会見で、「特に印象に残っている出来事をお聞かせ下さい」との記者の質問に、「やはり最も印象に残っているのは先の戦争のことです」
とお答えになりました。
「この戦争による日本人の犠牲者は約310万人と言われています。前途に様々な夢を持って生きていた多くの人々が、若くして命を失ったことを思うと、本当に痛ましい限りです」（宮内庁ウェブサイトより。以下の引用も同じ）
とも付け加えられました。
　さらに、言葉を選びながら、次のように話されました。
　戦後、連合国軍の占領下にあった日本は、平和と民主主義を、守るべき大切なものとして、日本国憲法を作り、様々な改革を行って、今日の日本を築きました。戦争で荒廃した国土を立て直し、かつ、改善していくために当時の我が国の人々の払った努力に対し、深い感謝の気持ちを抱いています。また、当時の知日派の米国人の協力も忘れてはならないことと思います。

5

「平和と民主主義を、守るべき大切なもの」として、そのために日本国憲法を作ったと明言されたのです。安倍内閣によって憲法改正が政治日程に上りつつあるいま、天皇陛下のお言葉は、安倍政権に対するやんわりとした牽制のようにも聞こえます。

もちろん、天皇は政治的な発言をすることができません。その一方で、天皇は憲法を守る義務があることが憲法で定められています。天皇陛下は、この憲法擁護義務を確認されただけ、とも受け取れるのですが、あえて憲法に触れられたところに、ご本人の意思を読み取る人も多いことでしょう。

「知日派の米国人の協力も忘れてはならない」と述べられた部分は、「日本国憲法を作り」という部分についてのことなのか、「国土を立て直し、かつ、改善」したことを指されたのか、この文章だけではわかりませんが、安倍首相が、戦後の連合国軍による改革を「戦後レジーム」と呼び、そこからの脱却を志向していることを考えると、これもまた、安倍政権に対する牽制に見えます。

さらに宮内庁担当の記者は、二〇一三年九月に行われた東京五輪の招致活動で、高円宮妃久子さまが、IOC総会に出席されたことに触れ、「今年は五輪招致活動をめぐる

はじめに

動きなど皇室の活動と政治との関わりについての論議が多く見られましたが、陛下は皇室の立場と活動について、どのようにお考えかお聞かせ下さい」と尋ねました。

皇族による招致活動は、当時、安倍政権による皇族の政治利用ではないかと問題になったからです。宮内庁の風岡典之長官が、久子さまの出席を認めたことを「苦渋の決断」だったと発言。これに対して菅義偉官房長官が、「皇室の政治利用、官邸からの圧力であるという批判は当たらない」と反論していました。記者は、これについて天皇陛下のお考えを聞いたのです。

宮内庁長官は、この問題について、「天皇、皇后両陛下も案じられていると推察した」と述べていました。皇族の政治的発言が認められない現行憲法の下で、宮内庁長官が両陛下のお考えを「推察」と表現するときは、実は両陛下の意向を代弁しているというのが常識となっています。そこで、この記者の質問になったのです。これについて天皇陛下は、次のように答えられました。

日本国憲法には「天皇は、この憲法の定める国事に関する行為のみを行ひ、国政に関する権能を有しない。」と規定されています。この条項を遵守することを念頭において、

7

私は天皇としての活動を律しています。

しかし、質問にあった五輪招致活動のように、主旨がはっきりうたってあればともかく、問題によっては、国政に関与するのかどうか、判断の難しい場合もあります。そのような場合はできる限り客観的に、また法律的に、考えられる立場にある宮内庁長官や参与の意見を聴くことにしています。今度の場合、参与も宮内庁長官始め関係者も、この問題が国政に関与するかどうか一生懸命考えてくれました。今後とも憲法を遵守する立場に立って、事に当たっていくつもりです。

どうでしょうか。招致活動への参加が、「国政に関与するかどうか一生懸命考えてくれました」と発言されています。宮内庁で大きな問題になったことを、天皇陛下自ら認められたのです。

憲法によって、ご自身の政治的な発言は許されないけれど、「憲法を守る」という義務を強調することが、実は政治的発言にもなりうる。改憲を志向する安倍政権の下で、このような逆説的な現実が生まれています。

はじめに

「憲法を守る」あるいは「憲法を守ろう」と発言することが、「政治的発言」と受け止められる。こうしたことが、最近よくニュースになります。

たとえば、「憲法を守ろう」という主張が、「政治的な発言」や政治的行動として忌避される事態が各所で起きているのです。

「憲法九条を守ろう」という集会が、各地の公共施設で、「政治的な主張の集会には会場を貸せない」と断られています。

二〇一四年七月には、さいたま市内の公民館が、公民館だよりの俳句コーナーに、公民館で活動するサークルが選んだ「梅雨空に『九条守れ』の女性デモ」の掲載を拒否したことがニュースになりました。

掲載を拒否した理由について、さいたま市教育委員会の生涯学習総合センターは、「世論が二分されているものは、一方の意見だけを載せることはできない。公民館の考えだと誤解されてしまう可能性もある」と説明しました（当時の新聞報道による）。公民館の考えだと誤解されてしまう可能性がある「憲法を守ろう」という主張が、「公民館の考えだと誤解されてしまう可能性がある」とは、よくも言ったり、です。公務員には、「憲法を守る」ことが義務づけられているのに、です。

この出来事は、公務員の政治的活動と、市民の表現活動の自由の問題とが混同されています。

公務員の政治活動は制限されていますが、市民には政治的な表現の自由が保障されています。この自由は、憲法で保障されたもの。そして、公務員には憲法擁護義務があります。つまり、市民の自由な表現活動を保障しないのは、公務員が憲法違反をしているということになるのです。

また、内容によって掲載できないとなれば、市が市民の表現を「検閲」していると取られかねません。もちろん「検閲」は憲法で禁止されています。

最高裁判所は一九九五年三月、公共施設を市民団体に貸し出すことを拒否できるのは、施設の規模が適合しない場合や他の希望者が先に予約してしまった場合以外では、「集会の自由の保障の重要性よりも、集会が開かれることによって人の生命、身体または財産が侵害され、公共の安全が損なわれる危険を回避し、防止する必要性が優越する場合に限られる」という判断を示しています（泉佐野市民会館事件判決）。

最高裁が、これだけ厳格に集会の自由を保障しているのに、憲法を守る義務のある公務員が、「憲法を守ろう」という主張を「一方的な政治的主張」として認めようとしな

はじめに

い。不思議な事態です。

　日本の学校では、憲法の大切さを教えながら、同じ教育委員会の別の部署では、憲法を守ろうとしない。これが日本の現実のようです。

　公務員には、憲法を守る義務があります。憲法は、言論の自由を保障しています。この言論の自由には、「憲法を守れ」と主張することも、「憲法を改正しよう」と主張することも含まれます。多様な言論が活発に交わされることによって、民主主義は守られる。

　これが民主主義国家の大原則です。

　憲法の条文を解説し、「憲法は大事ですね」と言っているだけでは、憲法は守れないのです。「憲法を変えるな」という主張も「憲法を変えよう」という意見も保障する。それが本当の意味で憲法の精神を体現することです。

　こう考えると、戦後の日本で、果たして憲法に対する理解は深まってきたのかと、疑問に思わざるをえません。

　これまで憲法に関する数々の書籍が出版されてきましたが、まだまだ一般の理解（公務員の理解、とても言うべきでしょうか）が進んでいないのではないか。こんな問題意識もあり、改めて、本書を編むことにしました。

11

日本国憲法とはどういうものか。正確な理解があってこそ、実りある議論もできるのです。

自由民主党は、一九五五年の結党以来、「憲法改正」を党是としてきました。長らく日本の与党として政権を運営してきた党が、実は憲法を改正したがっていて、野党の立場の党が、憲法を守ろうとしている。考えてみれば、これは随分とねじれた関係です。

どうして、そんなことが続いてきたのでしょうか。

そこには、困難な憲法改正に突き進むより、与党としての権益を大事にした方がいい。そう考えてきた人たちの存在があります。その結果、日本の政治は、六〇年安保を除いて、それほどの激しい対決がないまま歩んできたという現実があります。

しかし、憲法改正が困難なら、憲法の改正規定である第九十六条を変えてしまえばいい。こういう考え方が浮上したことから、一時は憲法第九条改正より、第九十六条改正の方がクローズアップされたことがあります。

しかし、この手法が改憲派学者からも批判を浴びた結果、最近ではすっかり影を潜めました。憲法改正論議にも、はやりすたりがあるのですね。

はじめに

 日本国憲法をめぐっては、「立憲主義」という言葉も脚光を浴びました。安倍政権が、集団的自衛権に関する従来の憲法解釈を閣議決定で変更したからです。立憲主義とは、権力者に憲法を押し付けること。権力を持たない人々が、権力者に「憲法を守れ」と命令することです。
 集団的自衛権に関しては、従来、内閣の憲法解釈を担当する内閣法制局が、「行使できない」という解釈を取ってきました。それを一内閣が勝手に変更できるのか、として論議になったのです。
 このニュースを理解するためには、しばしば問題になってきた憲法九条をめぐる解釈の歴史を知る必要があります。この本では、現在の憲法が制定された当時に遡って、この経緯をまとめました。
 では、そもそも立憲主義とは何か。本文で詳しく触れますが、実は大日本帝国憲法（いわゆる明治憲法）も、天皇の行為は、憲法の規定にもとづかなくてはならないと定めていました。立憲主義の基本を備えていたのです。
 立憲主義というキーワードから探っていくことでも、憲法という存在への理解が深ま

13

るのです。

憲法の改正論議がある一方で、子どもたちが学校に通う際、公立の小中学校では授業料が無料な上に、教科書も無償で受け取れるなど、国が教育に力を入れているのは、憲法の規定があるからです。

失業したら、ハローワークに通い、一定期間失業手当（雇用保険）が支払われるのも、憲法が、国民の「勤労の義務」が果たせるように配慮しているからです。

さまざまな事情で働くことができずに貧困生活に陥（おちい）っている人が生活保護を受けられるのも、憲法が国民の権利を守っているからです。

憲法をめぐって、むずかしい法律用語が飛び交うこともありますが、私たちは、まるで目に見えない空気のように、憲法が保障した社会で生活しています。憲法は、その存在を意識しないで暮らせることが、私たちには幸せなのかも知れません。

そんな憲法の実体と実態を、学ぶことにしましょう。

この本では、日本国憲法の原文を紹介しつつ、一読ではわかりにくい箇所について、「超訳」を試みました。双方を読み比べていただければ、憲法特有の言い回しの知識を

はじめに

得ながら、その内容の理解が深まるものと思います。

さらに、憲法の条文の解説に留まらず、その条文をめぐって、過去にどんな論戦があったのか、憲法にもとづいて、どんな法律が誕生したのか、等々についても触れました。憲法をめぐる改憲などの論戦を知ることで、いまの憲法の歴史的意味についても理解できるものと考えます。

本書が、憲法理解の一助になれば、こんなに嬉しいことはありません。

池上 彰

超訳　日本国憲法∞目次

はじめに 3

前文 23

憲法は権力者が守るべき最高法規／「前文」とは何か／国民主権と平和主義

第一章 天皇 33

大日本帝国憲法とのちがい／「日本国の象徴」とは／皇位と皇室典範

第二章 戦争の放棄 43

第九条をどう解釈してきたか／「戦争」と「武力行使」のちがい／自衛隊か国防軍か

第三章 国民の権利及び義務 53

基本的人権とは何か／日本人とはどんな人か／「差別と平等」について／結婚と「最低限度の生活」／教育、勤労、納税の義務／「基本法」とは何か／裁判を受ける権利／もし「逮捕」されたら／「一事不再理」と冤罪

第四章 国会 79

「国の唯一の立法機関」／衆議院と参議院／国会議員の給料と特権／国会のしくみ／議員を辞めさせるには／なぜ衆議院が強いのか／弾劾裁判とは

第五章 内閣 97

行政権と総理大臣／「文民」という不思議な規定／大臣の罷免と衆議院解散／総理大臣が欠けたとき／強大な「総理の力」／「恩赦」とは何か

第六章 司法 115

司法権と五つの裁判所／なぜ「裁判員制度」なのか／裁判官をクビにするには／最高裁の人事／裁判官の待遇について／減給された裁判官／裁判の公開と非公開

第七章 財政 133

税金をどう使うのか／「租税法律主義の原則」のカラクリ／国債という借金／皇室財産とは何か／内廷費と宮廷費／宗教団体への援助禁止／内部告発の勧め

第八章　地方自治　151
憲法に四か条だけ／国と地方の役割分担／「路上禁煙」や「朝ごはん」も条例に

第九章　改　正　161
改憲の手続きとは／硬性憲法と軟性憲法／国民投票の方法／投票は十八歳から

第十章　最高法規　171
基本的人権再び／「尊属殺法定刑違憲事件」とは／憲法尊重・擁護の義務がない

第十一章　補　則　181
「補則」に潜む意味／「公布」をどう決めたか／第一期参議院議員の任期

集団的自衛権と日本国憲法 *191*

解釈改憲とは何か／民主主義のジレンマ／「必要最小限度の実力を行使する」

北朝鮮の憲法 *201*

憲法の上にある政党／主権は国民でなく「勤労人民」に／平和、自由の保障という矛盾

中国の憲法 *211*

憲法を守ると逮捕される国／前文に秘めた野心／計画出産の義務とカトリックの禁止

アメリカ合衆国の憲法 *221*

日本と異なる「民主主義」／奴隷制度を認めていた憲法／「銃を持つ権利」の保障

おわりに *231*

日本国憲法 全文 *235*

前文

憲法は権力者が守るべき最高法規

 二〇一二年の安倍内閣の再度の誕生から、憲法改正の論議が高まってきました。自民党としては、とりあえず(第二次)安倍内閣のタカ派的性格は表に出さず、経済政策(アベノミクス)でデフレ脱却に道筋をつけて、二〇一三年夏の参議院選挙に臨む戦略でした。参議院選挙で三分の二の議席を確保できたら、いよいよ念願の憲法改正に進もうとしていたのです。
 自民党は参院選で一一五議席を獲得して他党に圧勝し、憲法がそれまで以上にニュースに取り上げられるようになりました。
 それを契機に、日本国憲法を読み直していこうという試みが、本書です。いささかと

っつきにくい憲法の文章を、理解しやすいように、私流に「超訳」して参ります。

まずは、憲法とは、そもそもどういう存在なのか、という点からです。

憲法は、国家の最高法規。いろんな法律の親分のようなものです。

ただし、一般の法律の多くが、国民が守るべき内容を定めているのに対して、憲法は、「その国の権力者が守るべきもの」なのです。世界の長い民主主義の歴史の中で、憲法は、国家権力を制限し、国民の自由と権利を保障するものとして成長、発展してきました。どんな権力も、憲法の規定に従って統治しなければなりません。この原理を「立憲主義」といっています。日本国憲法も、立憲主義にもとづいています。

よく「いまの憲法は国民の権利ばかりを述べていて、国民の義務について語ることが少ない」と批判する人がいますが、これは立憲主義の考え方を知らないのですね。国民の権利を保障することが憲法の役割だからです。

憲法に定められた国民の義務は、教育、勤労、納税だけ。これも、具体的な義務に関しては、法律の定めによります。

憲法を守る義務があるのは権力者。つまり公務員です。

これは次のように憲法第九十九条に定められています。

前文

第九十九条　天皇又は摂政及び国務大臣、国会議員、裁判官その他の公務員は、この憲法を尊重し擁護する義務を負ふ。

国会議員も憲法を守る義務があるのです。ただし、言論の自由もありますから、憲法を批判したり、改正を求めたりすることは、当然のことながら認められています。

「前文」とは何か

まずここでは、日本国憲法の「前文」を取り上げてみます。

憲法は前文と本文（第一章から第十一章）から成り立っていて、前文は、憲法の趣旨についての宣言。いわば国民を代表しての「選手宣誓」のようなものです。ただし、現代から見ると、むずかしい言葉遣いが多いですし、意味がとりにくい文章もあります。

これは日本を占領していたGHQ（連合国軍総司令部）が示した憲法草案を直訳した部分があるからです。

第二次世界大戦後、日本を占領したGHQのマッカーサー司令官は、日本側に対して

民主的な憲法を作るように求めました。

ところが、日本側は大日本帝国憲法（いわゆる明治憲法）と大差ないもので済まそうとしていることを知って激怒。GHQの側で草案を作り、日本側に突き付けました。慌てた日本側は、草案の英文を日本語に翻訳する一方、日本独自に修正したり、味付けしたりして、現在の憲法（一九四六年十一月三日公布、翌年五月三日施行）を制定しました。

こうした経緯があるため、「憲法はアメリカに押し付けられたもの」という批判があります。

ただ、GHQが憲法草案を作る際は、日本国内のさまざまな団体が発表していた憲法改正案を参考にしていますし、提示された草案を日本側で修正していますので、一方的な押し付けとは言い切れない部分もありますが、憲法改正論議では必ず出てくる歴史的経過です。

また前文は、一九四五年六月に調印された国際連合（国連）憲章も参考にしています。日本国憲法の前文を見る前に、国連憲章の前文を読んでおきましょう。

前文

われら連合国の人民は、

われらの一生のうちに二度まで言語に絶する悲哀を与えた戦争の惨害から将来の世代を救い、

基本的人権と人間の尊厳及び価値と男女及び大小各国の同権とに関する信念をあらためて確認し、

正義と条約その他の国際法の源泉から生ずる義務の尊重とを維持することができる条件を確立し、

一層大きな自由の中で社会的進歩と生活水準の向上とを促進すること

並びに、このために、

寛容を実行し、且つ、善良な隣人として互に平和に生活し、

国際の平和及び安全を維持するためにわれらの力を合わせ、

共同の利益の場合を除く外は武力を用いないことを原則の受諾と方法の設定によって確保し、

すべての人民の経済的及び社会的発達を促進するために国際機構を用いること

を決意して、

これらの目的を達成するために、われらの努力を結集することに決定した。(後略)

国民主権と平和主義
日本国憲法の前文には、国連憲章の理念が色濃く反映されていることがわかります。
日本国憲法には三大原則があると、学校で習ったと思います。基本的人権の尊重、国民主権、平和主義です。前文には、このうちの国民主権、平和主義が謳われています。
日本側で憲法の文章を完成させる際、「国民に読みやすい文章にしよう」と、作家の山本有三(『路傍の石』の作者)らに文章の推敲を依頼しています。このため大変格調高い文章にはなっているのですが、どうしても直訳調がぬぐえません。
とまあ、文句を言っていても仕方ないので、和文和訳してみます。その前に、まずは原文を見ましょう。

日本国民は、正当に選挙された国会における代表者を通じて行動し、われらとわれらの子孫のために、諸国民との協和による成果と、わが国全土にわたつて自由のもたらす恵沢を確保し、政府の行為によつて再び戦争の惨禍が起ることのないやうにすることを

前文

決意し、ここに主権が国民に存すことを宣言し、この憲法を確定する。そもそも国政は、国民の厳粛な信託によるものであつて、その権威は国民に由来し、その権力は国民の代表者がこれを行使し、その福利は国民がこれを享受する。これは人類普遍の原理であり、この憲法は、かかる原理に基くものである。われらは、これに反する一切の憲法、法令及び詔勅を排除する。

日本国民は、恒久の平和を念願し、人間相互の関係を支配する崇高な理想を深く自覚するのであつて、平和を愛する諸国民の公正と信義に信頼して、われらの安全と生存を保持しようと決意した。われらは、平和を維持し、専制と隷従、圧迫と偏狭を地上から永遠に除去しようと努めてゐる国際社会において、名誉ある地位を占めたいと思ふ。われらは、全世界の国民が、ひとしく恐怖と欠乏から免かれ、平和のうちに生存する権利を有することを確認する。

われらは、いづれの国家も、自国のことのみに専念して他国を無視してはならないのであつて、政治道徳の法則は、普遍的なものであり、この法則に従ふことは、自国の主権を維持し、他国と対等関係に立たうとする各国の責務であると信ずる。

日本国民は、国家の名誉にかけ、全力をあげてこの崇高な理想と目的を達成すること

29

を誓ふ。

以上が原文です。では、「超訳」をどうぞ。

《日本の国民は、正当な手続きによる選挙で国会議員を選ぶ。この国会議員が、国民の代表として仕事をする。憲法を制定し、法律や予算を作る。

我々は、我々自身と子孫のために、外国と協力し、自由をしっかり守ることによって、国内の繁栄を図る。政府によって再び悲惨な戦争が起きることのないように我々は決意する。国家の主人は国民であることを宣言して、この憲法を作った。

国の政治は、国民によって任されたものであり、国家権力は国民の代表が行使し、その結果の福利厚生は国民が受け取る。これは人類みんなにとっての当然の原理である。この憲法は、この考え方によって生まれた。これに反する憲法や法律、天皇の命令は無効である。

日本国民は平和を念願している。人類にとっての理想を信じる。平和を愛する世界の人々を信頼して、我々の安全と生存を確保することにした。国際社会は平和を愛し、独

前文

裁政治や奴隷状態、差別をなくそうと努力している。日本は、その一員として、名誉ある地位を占めたい。全世界の国民は、恐怖や貧困から脱出して、平和に生きる権利を持っている。

どこの国も、自分のことばかり考えて、他国を無視してはいけない。自国の主権を維持し、他国と対等の関係に立ちたければ、世界のどこでも通用するルールを守らなければならない。

日本国民は、国家の名誉にかけ、全力を挙げて理想の実現に向けて努力することを誓う》

「超訳」すれば、こういう内容なのですが、「平和を愛する世界の人々を信頼して、我々の安全と生存を確保する」ということが可能かどうか。日本の周辺を見渡すと、とてもむずかしいと思ってしまいます。

これが、日本国憲法第九条の改正論議につながっていくのです。

31

第一章　天皇

大日本帝国憲法とのちがい

前文の「超訳」に続き、順番に本文に入っていきます。

まず、日本国憲法第一章「天皇」を見てみましょう。

衆議院の憲法審査会は二〇一三年三月、いまの憲法の「天皇」の位置づけについて取り上げましたが、改正すべきかどうか議論が分かれました。焦点となった条文を考えましょう。

戦後に生まれた今の憲法は、国民主権が貫かれているはずですが、第一章は、天皇から始まります。

これは、今の憲法が、大日本帝国憲法、いわゆる明治憲法の改正として誕生したから

です。明治憲法は欽定憲法。天皇が憲法を作って国民に公布した形ですから、天皇の地位から条文が始まっています。その改正である日本国憲法も、順番を踏襲しているのです。

ただし、その内容は大きく異なります。根本的に異なるので、そもそも「改正」という形になじむのか、という議論もあるほどです。

たとえば明治憲法の第三条、第四条を読んでみましょう。

第三条 天皇ハ神聖ニシテ侵スヘカラス
第四条 天皇ハ国ノ元首ニシテ統治権ヲ総攬シ此ノ憲法ノ条規ニ依リ之ヲ行フ

文語体なので、解読がむずかしいという人もいるでしょうね。そこで、これを「超訳」すると、次のようになります。

《**第三条**》 天皇は神聖な存在で、その権限を侵したり、失礼なことをしたりしてはいけ

第一章　天皇

ない。

第四条　天皇は国家元首であり、国のすべての仕事を行うことができる。ただし、その場合は、この憲法の条文にもとづいて行う》

これを読むと、天皇が絶対権力を持っていることがわかりますが、それでも勝手なことはできません。憲法に定められた条文にもとづいて実行することが決められています。これぞ立憲君主制です。天皇は絶大な権限を持っているけれど、天皇もまた憲法の規定は守らなければならないのです。

このことは、第九条を見ると、より一層明らかです。

第九条　天皇ハ法律ヲ執行スル為ニ又ハ公共ノ安寧秩序ヲ保持シ及臣民ノ幸福ヲ増進スル為ニ必要ナル命令ヲ発シ又ハ発セシム但シ命令ヲ以テ法律ヲ変更スルコトヲ得ス

天皇は、法律を執行するために必要な命令を出すことができるけれど、命令で法律を変えることはできないと定められています。法律を制定するのは議会だからです。

35

その一方、天皇には、次のような力が与えられていました。

第十一条 天皇ハ陸海軍ヲ統帥ス
第十二条 天皇ハ陸海軍ノ編制及常備兵額ヲ定ム
第十三条 天皇ハ戦ヲ宣シ和ヲ講シ及諸般ノ条約ヲ締結ス

天皇は、陸海軍の最高司令官であり、どのような軍にするか を決めることができ、宣戦布告の権限もあったのです。もちろん戦争をやめて講和条約を結ぶことも、それ以外の条約を結ぶこともできます。

「日本国の象徴」とは
では、現在はどうなっているのでしょう。
日本国憲法第一章の第一条を読んでみましょう。

第一条 天皇は、日本国の象徴であり日本国民統合の象徴であって、この地位は、主権

第一章　天皇

の存する日本国民の総意に基く。

明治憲法で、天皇の存在は絶対不可侵のものでした。天照大神の意思にもとづくものとされていました。尊厳を侵す行為は「不敬罪」として罰せられました。

ですから「神聖」という言葉が出てきます。

戦後は、天皇による「人間宣言」が出され、天皇は現人神（あらひとがみ）（人間の形をとっている神）ではなく、人間であることが確認されました。

今の天皇の地位は、神の子孫だからではなく、「日本国民の総意」にもとづいている、つまり国民がみんな支持しているから、この地位にいるということです。

不敬罪は廃止されました。

明治憲法と異なる点は、現在の天皇に関して、国のトップである「国家元首」という定めがないことです。そうなると、日本の国家元首は誰か、という問題が発生します。国民の代表として強い力を持っているのなら、総理大臣が国家元首であるという考え方もあります。

37

その一方で、海外の大使の信任状（この人物を大使として認めてください、という出身国の国家元首からの挨拶状）の宛先は天皇ですから、海外からは天皇が国家元首の扱いを受けています。

そこで、自民党の憲法改正案では、天皇を国家元首として明記しようということになっています。

皇位と皇室典範

第二条以下も読んでみましょう。

第二条 皇位は、世襲のものであって、国会の議決した皇室典範の定めるところにより、これを継承する。

「皇室典範」とは、戦前は議会の権限が及ばない憲法並みの力を持ったものでしたが、戦後は「国会の議決」が必要となりました。法律という名称はついていませんが、国会が変えることのできる法律のひとつになりました。この法律で、世襲の方法が決められ

第一章　天皇

ています。いまは皇室典範第一条に「皇位は、皇統に属する男系の男子が、これを継承する」と書かれていますから、天皇には男性しかなれませんが、国会で皇室典範を改正すれば、女性天皇も可能になるのです。

なお、第三条以降は、次のようになっています。いっぺんにどうぞ。

第三条　天皇の国事に関するすべての行為には、内閣の助言と承認を必要とし、内閣が、その責任を負ふ。

第四条　天皇は、この憲法の定める国事に関する行為のみを行ひ、国政に関する権能を有しない。

② 天皇は、法律の定めるところにより、その国事に関する行為を委任することができる。

第五条　皇室典範の定めるところにより摂政を置くときは、摂政は、天皇の名でその国事に関する行為を行ふ。この場合には、前条第一項の規定を準用する。

第六条　天皇は、国会の指名に基いて、内閣総理大臣を任命する。

② 天皇は、内閣の指名に基いて、最高裁判所の長たる裁判官を任命する。

第七条　天皇は、内閣の助言と承認により、国民のために、左の国事に関する行為を行ふ。
一　憲法改正、法律、政令及び条約を公布すること。
二　国会を召集すること。
三　衆議院を解散すること。
四　国会議員の総選挙の施行を公示すること。
五　国務大臣及び法律の定めるその他の官吏の任免並びに全権委任状及び大使及び公使の信任状を認証すること。
六　大赦、特赦、減刑、刑の執行の免除及び復権を認証すること。
七　栄典を授与すること。
八　批准書及び法律の定めるその他の外交文書を認証すること。
九　外国の大使及び公使を接受すること。
十　儀式を行ふこと。

第八条　皇室に財産を譲り渡し、又は皇室が、財産を譲り受け、若しくは賜与することは、国会の議決に基かなければならない。

第一章　天皇

では、ここからは私の「超訳」です。

《**第一条**　天皇は、日本という国の象徴であり、国民がまとまっているという象徴である。日本国民みんなが認めているから、天皇の地位がある。

第二条　天皇の地位は世襲される。その順番など方法は国会が決めた皇室典範が定める。

第三条　天皇が国の仕事をするときは内閣のアドバイスと承認が必要で、その結果の責任は内閣が負う。

第四条　天皇は、国の仕事に関して憲法の定めたものだけを行う。国の政治に関与することはできない。天皇の仕事は、法律で誰かに代わってもらうことができる。

第五条　皇室典範の決まりにもとづいて摂政（天皇の代理）を置くことができる。摂政は天皇の名前で仕事をする。

第六条　天皇は、国会が指名した人物を内閣総理大臣に任命する。内閣が指名した人を、最高裁判所長官に任命する。

第七条　天皇は、内閣のアドバイスと承認によって、次の仕事を行う。憲法改正や法律、

条約などを国民に知らせる。国会を召集することや衆議院を解散することや、総選挙開始を国民に知らせる。大臣や、法律で決めた役職の人を任命したり、辞めさせたりするのを認める。大使や公使の信任状を認める。有罪判決が確定した人の罪を許したりするのを認める。勲章を与える。外国との約束を承認する。外国の大使と公使を招いて接待する。国の仕事以外の儀式を行うこと。

第八条 天皇や皇族に金品や土地など財産を譲ったり、または、天皇や皇族が、財産をもらったり、あるいは誰かに与えたりすることには、国会での決定が必要である》

今の天皇が国民統合の象徴になっていることは間違いないでしょう。ですが、世襲のあり方に関しては、議論が続いているのです。

第二章　戦争の放棄

第九条をどう解釈してきたか

本章で注目されるのは、憲法第九条です。二〇一二年に成立した第二次安倍政権は憲法第九十六条を改正すべきだと主張しましたが、その真の目的は、第九条改正です。第九十六条は、憲法の改正手続きを定めた条項。憲法を改正するためには、衆議院と参議院のそれぞれ三分の二の賛成で改正を発議し、国民投票で過半数の賛成が必要とされます。これを衆議院と参議院の過半数の賛成で発議できるようにしようというのです。

本当は憲法第九条を変えたいが、第九条改正は賛否が分かれ、三分の二の賛成はなかなか得られない。なので、過半数の賛成で発議できるという条項にしておいてから、本丸の第九条改正に手をつけようというわけです。

この手法については、当時、慶應義塾大学教授（現在は名誉教授）で改憲論者の小林節氏が、憲法第九条を変えたければ、正々堂々と主張すればいいのであって、第九十六条を変えてから、というのは「裏口入学」のようなものだと批判しています（朝日新聞二〇一三年五月四日付朝刊）。

九条改正の本音を隠しての手続き論議はフェアではありませんね。九条を真正面から取り上げて論議すべきなのです。その材料を提供しましょう。

第二章第九条は「戦争の放棄」です。

学校で「第九条は戦争放棄」と習いましたね。放棄した戦争とは、すべての戦争なのでしょうか。それとも、侵略戦争だけであって、「自衛のための戦争」は放棄していないのでしょうか。

すべての戦争を放棄したのなら、自衛隊は憲法違反の存在になります。自衛のための戦争は放棄していないのなら、自衛隊は違憲の存在ではないという解釈が成り立ちます。

これが、いまの憲法制定以来、延々と続けられてきた議論なのです。

では、歴代の政府は、憲法九条をどのように解釈してきたのでしょうか。

第二章　戦争の放棄

憲法九条は、自衛権の行使以外の武力行使を禁じているのであって、自衛権は禁止していない。自衛権を行使するには一定の準備が必要であり、自衛のための「必要最小限度の実力」を保有することは憲法九条に違反しない。

これが政府の解釈です。この解釈を裏付ける条文が、第九条の第二項の「前項の目的を達するため」という文章です。前項は「国権の発動たる戦争」と「武力による威嚇又は武力の行使」を「国際紛争を解決する手段」として放棄したのであり、そのための戦力は保持しないと宣言しているが、自衛のための力まで放棄したわけではない、というわけです。

「戦争」と「武力行使」のちがい

この「前項の目的を達するため」という文章は、憲法に関する国会審議の中で付け加えられました。一九四六年六月に提出された政府の憲法改正草案にはなかった文章なのです。そこで草案の文章を見ましょう。

〈第九条〉 国の主権の発動たる戦争と、武力による威嚇又は武力の行使は、他国との間

の紛争の解決の手段としては、永久にこれを放棄する。　国の交戦権は、これを認めない〉

陸海空軍その他の戦力は、これを保持してはならない。

この文章を読んで、「戦争」と「武力の行使」のちがいがよくわからない、という人もいることでしょう。

この場合の「戦争」とは、宣戦布告や最後通牒によって始まるもの。つまり「戦争を始めるぞ」という宣言を伴うものです。

これに対し、武力行使は、宣戦布告を伴わずに始まる戦闘や戦争のこと。そのどちらも否定しているのです。

この草案に対して、衆議院憲法改正案特別委員会で、当時の自由党の芦田均(あしだひとし)委員長によって修正が加えられました。これを「芦田修正」といいます。

その結果が、現在の憲法の条項なのです。

冒頭に「日本国民は、正義と秩序を基調とする国際平和を誠実に希求し」が入り、「国の主権の発動」が「国権の発動」に変えられました。問題は第二項です。「前項の目

第二章　戦争の放棄

的を達するため」が挿入されたことにより、歴代政府流の解釈が可能になったというのです。

政府の草案が提出されたとき、吉田茂首相は、自衛権まで含めての戦争放棄を考えていました。このときの国会審議で、共産党の野坂参三議員が、「戦争には侵略のための戦争と、侵略された国が自国を守る防衛のための正しい戦争があるので、戦争一般を放棄するのではなく、侵略戦争だけを放棄するべきではないか」と質したのに対し、吉田首相は、「近年の戦争の多くは国家を防衛するためという名目で行われているので、正当防衛権を認めることは戦争を誘発することになる」と答弁しているからです。

しかし、芦田修正が入ることで、自衛権は認められることになった、というわけです。

さて、あなたは、どう解釈しますか。

第九条を「超訳」する場合は、二通りの訳がありえます。すべての戦争を放棄したという解釈と、自衛権は保持したという解釈です。その二つにもとづく「超訳」を紹介しましょう。まずは、すべての戦争放棄バージョンです。

《第九条》　日本国民は、正義が守られ、混乱しない国際社会を実現することを誠実に強

く求め、あらゆる戦争を放棄する。国際紛争を解決する手段として、武力を使って脅すことや武力を使うこともしない。
② 武力は使わないと宣言したのだから、陸軍も海軍も空軍も、その他の戦力も持たない。国が他国と戦争する権利は認めない》

自衛隊か国防軍か

一方、政府の解釈を訳せば、次のようになります。

《**第九条** 日本国民は、正義が守られ、混乱しない国際社会を実現することを誠実に強く求め、侵略戦争を放棄する。武力を使って脅すことや武力を使うことは、国際紛争を解決する手段としては放棄する。しかし、自衛権まで放棄したわけではない。
② 侵略戦争や国際紛争を解決するための武力による脅し、武力行使はしないので、そのための陸軍や海軍や空軍や、その他の戦力は持たない。国が他国と戦争する権利は認めない。だが、自衛のための力を持つことまでは否定しない》

第二章　戦争の放棄

後者の解釈によって、自衛隊が生まれました。一九五〇年に朝鮮戦争が始まると、日本に駐留していた米軍は朝鮮半島に派遣されます。日本が空白になることを恐れたGHQ（連合国軍総司令部）のマッカーサー司令官は、日本が警察予備隊を創設することを認める、と通告します。

別に日本が要求したわけではないのですが、これにより誕生した警察予備隊が、やがて自衛隊に成長しました。

自衛隊は憲法違反の存在ではないのか。一九七三年、住民の訴えに対し、札幌地裁は、自衛隊が「憲法第九条が保持を禁止している戦力」にあたると判断しました。しかし札幌高裁は、「自衛隊の存在は高度に政治的な問題であり、一見きわめて明白に違憲と言えない場合は、裁判所が判断するものではない」と言って、判断を示しませんでした。最高裁は、判断を示さずに住民の訴えを退けました。裁判所は判断を逃げているのです。

第九条が注目を浴びているのは、自民党が二〇一二年四月、「日本国憲法改正草案」を発表し、第九条を改正して「国防軍」の保持を明記したからです。第九条の第二項は、「前項の規定は、自衛権の発動を妨げるものではない」と変えた上で、「第九条の二」を新設しています。紹介しましょう。

49

〈第九条の二　我が国の平和と独立並びに国及び国民の安全を確保するため、内閣総理大臣を最高指揮官とする国防軍を保持する。
2　国防軍は、前項の規定による任務を遂行する際は、法律の定めるところにより、国会の承認その他の統制に服する。
3　国防軍は、第一項に規定する任務を遂行するための活動のほか、法律の定めるところにより、国際社会の平和と安全を確保するために国際的に協調して行われる活動及び公の秩序を維持し、又は国民の生命若しくは自由を守るための活動を行うことができる。
4　前二項に定めるもののほか、国防軍の組織、統制及び機密の保持に関する事項は、法律で定める。
5　国防軍に属する軍人その他の公務員がその職務の実施に伴う罪又は国防軍の機密に関する罪を犯した場合の裁判を行うため、法律の定めるところにより、国防軍に審判所を置く。この場合においては、被告人が裁判所へ上訴する権利は、保障されなければならない〉

第二章　戦争の放棄

この規定によれば、新法を作れば、国防軍が米軍と一緒になって海外で戦闘に参加することが可能になります。戦前には軍人を裁く軍法会議がありましたが、その現代版も創設されます。

自民党は、この草案を作ったのですが、第九十六条の改正より、この草案の支持を広げればいいのにと私は思うのですが。

自民党内部でも第九十六条の先行改正には懐疑的な意見が出てきています。

では、国民は第九条を変えたいと本当に思っているのでしょうか。

朝日新聞社が二〇一三年三月中旬から四月下旬にかけて実施した郵送での世論調査によると、「変える方がよい」は三九％、「変えない方がよい」は五二％です。

一方、毎日新聞社が同年四月に実施した電話による世論調査では、「憲法九条を改正すべきだと思いますか、思いませんか」との問いに「思う」が四六％、「思わない」が三七％でした。

新聞社によって結果に違いが出ています。国民の本当の思いはどこにあるのか。いまこそ国民的議論が必要なのです。

51

第三章　国民の権利及び義務

基本的人権とは何か

憲法第三章は「国民の権利及び義務」になり、第十条から第四十条までであります。まずは、国民の権利について詳述している第十条から第二十三条までを取り上げてみます。第三章がそれだけ長いのも、日本国憲法のハイライトである基本的人権を取り上げているからです。このうち第十一条が、第三章全体を集約しています。第十一条に、次のような文章があるからです。

「この憲法が国民に保障する基本的人権は、侵すことのできない永久の権利として、現在及び将来の国民に与へられる」

基本的人権とは何か。人が生まれながらに持っている権利です。人は誰でも人として

尊重されなければいけないのです。人が人として大事にされるように、国家が保障するもの。それが「基本的人権」です。

第十一条で、その権利が「現在及び将来の国民に与へられる」と書いてあるのは、キリスト教社会でいえば「神から与えられる」ということでしょう。でもキリスト教社会でない日本では、もっと漠然としていて、「自然から与えられる」ということになります。つまり、「生まれながらに持っている」ということです。

ここはアメリカ独立宣言の「すべての人間は平等に造られ、造物主（神）によって一定の譲り渡すことのできない権利を与えられており……」という一節の影響を感じさせます。

次に、「侵すことのできない永久の権利」とは、不可侵ということですから、国や地方自治体などの公権力によって侵されることがない、侵されてはいけないという意味です。

このように基本的人権の尊重を謳った上で、以下の条項で、具体的な権利について詳述します。その内容を見ていきましょう。

第三章　国民の権利及び義務

日本人とはどんな人か

まずは、日本国憲法が保障する日本国民とは、どういう人なのか、という点からです。

第十条　日本国民たる要件は、法律でこれを定める。

どんな人が日本国の国民なのか。詳しい規定は、いちいち憲法で定めることなく、憲法より下の立場の法律で定めるというのです。

この法律が、「国籍法」です。一九五〇年七月に施行され、その後改正されています。日本国民とは「出生の時に父又は母が日本国民であるとき」「出生前に死亡した父が死亡の時に日本国民であったとき」「日本で生まれた場合において、父母がともに知れないとき、又は国籍を有しないとき」と定められています。

以上は、生まれながらの日本人についてです。

これ以外に、「帰化」で日本人になることもできます。帰化は法務大臣の許可が必要です。帰化が認められる条件には、「五年以上日本に住所を有すること」や「素行が善良であること」などがあります。

このように、日本人とは何ぞや、という規定をした上で、日本人には、次のような権利があります。

第十一条 国民は、すべての基本的人権の享有を妨げられない。この憲法が国民に保障する基本的人権は、侵すことのできない永久の権利として、現在及び将来の国民に与へられる。

第十二条 この憲法が国民に保障する自由及び権利は、国民の不断の努力によって、これを保持しなければならない。又、国民は、これを濫用してはならないのであつて、常に公共の福祉のためにこれを利用する責任を負ふ。

第十二条を読むと、厳粛な気持ちになります。憲法が保障する自由と権利は、「国民の不断の努力によって」保持しなければいけないというのです。権利の上に安住していてはいけない。自由と権利を努力して守りなさい、というわけです。

その権利は、「公共の福祉」のために利用しなければなりません。「公共の福祉」とは何か。国民はみんな人権が認められていますから、個々の人権と人権の衝突が起こるこ

第三章　国民の権利及び義務

とがありえます。その場合は、双方のことを考え、一方的に乱用してはいけない、という意味です。

第十三条　すべて国民は、個人として尊重される。生命、自由及び幸福追求に対する国民の権利については、公共の福祉に反しない限り、立法その他の国政の上で、最大の尊重を必要とする。

第十三条は「幸福追求権」を保障しています。国民は、個人として尊重される。生きる権利、自由を求める権利、さらに幸福を求める権利は、「公共の福祉に反しない限り」、つまり他人の権利を侵害しない限り、国が最大限に尊重しなければならないと定めています。

「前文」で、憲法は国民が権力者の力を縛るために押し付けるものだという話をしました。この条文も、国に命じているのです。

では「幸福追求に対する国民の権利」とは何か。たとえばプライバシーを侵されたり、環境を破壊されたりすることは、幸福を妨げることになります。現行の憲法には「プラ

イバシー権」や「環境権」などは明文化されていませんが、「幸福追求権」にもとづく権利なのです。

第十四条 すべて国民は、法の下に平等であって、人種、信条、性別、社会的身分又は門地により、政治的、経済的又は社会的関係において、差別されない。
② 華族その他の貴族の制度は、これを認めない。
③ 栄誉、勲章その他の栄典の授与は、いかなる特権も伴はない。栄典の授与は、現にこれを有し、又は将来これを受ける者の一代に限り、その効力を有する。

「差別と平等」について

国民はみな平等。差別されてはならないのです。人種、信条、性別、社会的身分によって差別されてはならないというのは理解できますが、「門地」というのは聞き慣れない言葉でしょう。これは「家柄」という意味です。「家柄が悪いから」などといった理由で差別されてはならない、ということです。たとえば「被差別部落」出身であることを理由に差別されてはならないのです。

第三章　国民の権利及び義務

華族や貴族は、戦前まで存在しましたが、いまはありません。勲章をもらったからといって、それで特権を持つようなことはあってはなりません。勲章をもらった人の子孫が特別扱いをされることがあってもいけないのです。

また、「法の下の平等」という点でいえば、選挙におけるいわゆる「一票の格差」も問題です。これは法の下の平等に反するとして各地で裁判になり、二〇一二年暮れの衆議院選挙は各地の高裁で違憲判決が出ています。

では、第十五条以降は、私の「超訳」でご覧ください。

《第十五条》　公務員を採用したり、やめさせたりすることは、国民の権利であるから、そのための手続きが定められなければならない。

② 公務員は全員が国民みんなのために奉仕する人間であり、一部の人のために奉仕するようなことがあってはならない。

③ 国会議員や地方議員の選挙は、成人であれば、誰でも有権者として参加できる。

④ 有権者が選挙で誰に投票したかは秘密にしておかなければならない。有権者は、どんな人物を選挙で選んでも、責任を問われることはない。

第十六条　損害賠償を求めたり、公務員をやめさせたり、法律や命令、規則の制定や廃止、改正について、政府や地方公共団体に申し入れる権利は誰でも持っている。申し入れをしたことで差別されてはならない。

第十七条　公務員が不法なことをしたために損害を受けたら、誰でも法律にもとづいて賠償を請求できる。

第十八条　誰もが奴隷のような拘束を受けてはいけない。犯罪者を処罰するときには、本人の意に反して厳しい仕事をさせることもあるが、それ以外の場合は、無理やり働かされるようなことを受けてはいけない。

第十九条　どんな思想や世界観を持とうと、内心に留まる限り自由である。

第二十条　どんな宗教を信じることも認められる。どんな宗教団体も、国から特権を受けたり、政治権力を行使したりしてはいけない。

② 宗教上の行為や儀式、行事に参加することは強制されない。

③ 国は宗教教育など宗教的活動をしてはならない。

第二十一条　集会を開いたり、政治団体を結成したり、出版物を出したりする表現の自由を保障する。

第三章　国民の権利及び義務

② 検閲をしてはいけない。手紙をこっそり読んだり電話を盗聴したりしてはいけない。

第二十二条　誰でも、他人の権利を侵害しない限り、住む場所や引っ越しの自由があり、どんな職業を選ぼうと自由である。

② 誰でも、外国に移住したり、国籍を離脱したりする自由は守られる》

第二十三条　学問の自由は、これを保障する。

　第二十三条は、わざと原文を残しました。声に出して読んでみてください。リズムがいいでしょう。実は、五七五のリズムになっているのです。
　このように国民の権利を守る条文を多数持つ日本国憲法ですが、後述するように実は国民が守るべきことを示している部分もあります。
　ここまでは、国民の権利について詳述している第十条から第二十三条までを見てきました。

61

結婚と「最低限度の生活」

続いては、この後の第二十四条から第三十条までを取り上げます。ここでは、私たちの暮らしに関係することが多く、国民の権利ばかりでなく、国民の義務も規定しています。

第二十四条は、結婚について規定しています。

アメリカでは、二〇一三年六月に、同性婚を禁止している州の法律が憲法違反であるとの連邦最高裁の判決が出て話題になりました。アメリカでは同性婚を認める州が増えていますが、日本では認められないことが、実は日本国憲法に記されています。第二十四条に「婚姻は、両性の合意のみに基いて成立」と明記してあるからです。

この規定は、もともとは、結婚は他人の圧力で決められるものではなく、二人の意思だけで決められることを明記したものですが、結果的に同性婚を認めないものになっています。憲法が制定された当時は、まさか現代のような趨勢になるなど、想像もつかなかったことでしょう。

結婚とは極めて個人的なこと。わざわざ憲法が口を出すことか、という印象を受ける人もいることでしょう。憲法が、この規定を入れざるをえないほど、戦前の日本では結

第三章　国民の権利及び義務

婚が自由にできなかったことを示しています。

では、この部分を「超訳」します。

《**第二十四条**　結婚は、男女二人の合意で成立する。他人が口を出すことはできない。夫婦は同じ権利を持っているのであり、お互いが協力して維持しなければならない。

② 結婚相手を選ぶこと、お互いが持っている財産の扱い、相続の方法、住む場所や離婚と結婚など家族に関する法律を制定する際には、個人の尊厳を大切にし、男女は本質的に平等であることを基本にして制定しなければならない》

続いて第二十五条。これは、理解しやすい文章なので、原文通りに掲載しましょう。

第二十五条　すべて国民は、健康で文化的な最低限度の生活を営む権利を有する。

② 国は、すべての生活部面について、社会福祉、社会保障及び公衆衛生の向上及び増進に努めなければならない。

この条文は、「最低限度の生活」をしろという意味ではありません。「せめてこれくらいのレベルの生活はしたい」と一般の人が考える程度の生活は、誰にも保障するように政治や行政は頑張れ、という意味です。

現在の年金制度も生活保護も、この条文が根拠になっています。歳をとって収入が途絶えても、年金があれば暮らせる。年金を受給できる年齢に達する前に生活が困窮したら、生活保護がある。「健康で文化的な生活」を営む権利があるからです。

「最低限度の生活」は、時代によってレベルが異なります。かつては生活保護を受けている人はエアコンの設置が認められませんでした。一般庶民にとって贅沢品だったからです。いまでは生活に欠かせませんから、エアコン設置が認められます。

たとえば家電製品ですと、普及率が七〇％を超えているものは保有を認めるというのが、おおよその目安になっています。

「前文」で、「いまの憲法は国民の権利ばかりを述べていて、国民の義務について語ることが少ない」とよく批判されることについて、立憲主義の精神に立てば、この批判が成り立たないことを説明しました。憲法は、一般国民が権力者に対して「我々の権利を守れ」と押し付けるものだからです。「みんなで義務を果たしましょう」というもので

第三章　国民の権利及び義務

はないのです。

教育、勤労、納税の義務

とはいえ、いまの憲法にも、国民の義務について触れている条文があります。第二十六条と第二十七条、第三十条です。教育、勤労、納税のことです。「国民の三大義務」と呼ばれます。

では、まずは教育の義務について。

第二十六条　すべて国民は、法律の定めるところにより、その能力に応じて、ひとしく教育を受ける権利を有する。

②　すべて国民は、法律の定めるところにより、その保護する子女に普通教育を受けさせる義務を負ふ。義務教育は、これを無償とする。

教育を受けるのは国民の権利であり、保護者は、保護する子女（一般的には自分の子ども）に教育を受けさせる義務がある、と定めています。これが「義務教育」です。

65

義務教育と聞くと、子どもたちは、「学校に行くのが義務だ」と思いがちですが、子どもたちにとって、学校に行くのは権利であり、義務を負うのは、その子どもたちの親なのです。

この条文には、「法律の定めるところにより」とあります。ここで、憲法と一般の法律との関係をおさらいしておきましょう。

憲法は、国が守るべき国民の権利を一般的に規定し、そのための詳しい項目を定めるのが法律です。ざっくり言えば、権力者が守るべきことを定めるのが憲法で、私たち国民が守るべきことを具体的に示すのが法律、というわけです。

「基本法」とは何か

憲法と一般の法律を結ぶ役割をしているのが「基本法」と名前のついている法律です。

たとえば「教育基本法」や「環境基本法」、「食品安全基本法」など、現在有効な「基本法」は四十六もあります。

具体的な関係を、教育基本法を例に見てみましょう。教育基本法の前文には、次のような文章があります。

第三章　国民の権利及び義務

「ここに、我々は、日本国憲法の精神にのっとり、我が国の未来を切り拓く教育の基本を確立し、その振興を図るため、この法律を制定する」

憲法第二十六条にもとづいて教育基本法があり、この基本法にもとづき、たとえば「学校教育法」では学校について定義しているのです。

第二十六条では、義務教育は無償と定めています。これは、どこまでを指すのでしょうか。国公立の小中学校の授業料が無料なのは、この条文が根拠です。私が小学生のとき、教科書は有料でしたが、この条文の趣旨を生かそうと、一九六三年から無償化されました。

財務省は、少しでも支出を減らそうと、たびたび教科書の有料化を持ち出しますが、反対が多く、そのたびに立ち消えになります。それでも教材費などは有料なので、義務教育にかかるあらゆる費用を無料にすべきだ、という解釈・主張もあります。

第二十七条　すべて国民は、勤労の権利を有し、義務を負ふ。
② 賃金、就業時間、休息その他の勤労条件に関する基準は、法律でこれを定める。
③ 児童は、これを酷使してはならない。

私たち国民は、働く権利と義務を同時に負っています。働く権利を保障するため、政府はハローワーク（職業安定所）を設置したりして、多くの国民が働けるように心を配らなければなりません。
　その一方で、働こうと思えば働けるのに国の世話になって働こうとしないのもダメなのです。
　児童は酷使してはなりません。この条文を根拠に「労働基準法」第六章に「年少者」についての規定があります。この場合の「年少者」とは、満十八歳未満の者を指します。この法律の趣旨にもとづき、たとえば小学生タレントが大晦日の紅白歌合戦に出演する場合は、午後八時までとなっています。
　では、以降は、まとめて私の「超訳」で参りましょう。

《第二十八条》　勤労者（労働者）が労働組合を作り、経営者と交渉し、ストライキをする権利を保障する。
　（註・ただし、公務員がストライキに入ったりすると影響が大きいので、権利は制限されています）

68

第三章　国民の権利及び義務

第二十九条　自分が持っている財産が勝手に奪われるようなことがあってはならない。私有財産を禁止するような政策をとってもいけない。これが財産権である。

② しかし、一人一人が勝手に財産権を主張していると、公共のためにならないこともあるので、財産権とは何かを詳しくは法律で定める。

③ みんなのための公共事業で道路を建設したり、空港を作ったりする場合は、そのために立ち退きを迫られる人に対して、正当な補償を払う》

続く第三十条は、原文のままで掲載しましょう。

第三十条　国民は、法律の定めるところにより、納税の義務を負ふ。

国民はちゃんと税金を納めなければならないのです。ただし、どんな税金なのか、どういうときに払うのかは、そのための法律で定めることになっています。

たとえば消費税は、「消費税法」という法律によって、私たちが払うことが義務づけられているのです。

裁判を受ける権利

第三章は、まだ続きます。それだけ内容が多いのですね。

続く第三十一条から第四十条までは、主に裁判に関わる項目を扱っています。

第二次世界大戦前の日本では、不法な逮捕や拷問がしばしば行われてきました。たとえば『蟹工船』の作者の小林多喜二は、日本共産党員だったことから逮捕され、一九三三年、警視庁の築地警察署内で特高（特別高等警察。思想犯を取り締まる秘密警察）の刑事たちに拷問を受けて死亡しました。

戦前や戦中は、警察官に突然呼び止められ、「おい、ちょっと来い」と警察署に連行されることがありました。

こうした歴史への反省から、現在の日本国憲法では、人身の自由に関する規定が詳細に定められています。その象徴的な条文が第三十一条です。

第三十一条 何人も、法律の定める手続によらなければ、その生命若しくは自由を奪はれ、又はその他の刑罰を科せられない。

第三章　国民の権利及び義務

「自由を奪われ」る、つまり逮捕されたり勾留されたりする手続きは、法律にもとづかなければなりません。

その他の刑罰に関しても同じこと。法律の根拠と、適正な手続きを定めた法律が必要です。

たとえば強盗や殺人などが罪であることを定めたのは「刑法」ですが、逮捕や取り調べを行う手続きに関しては「刑事訴訟法」があります。

適正な手続きで重要なものは「告知と聴聞」です。国民に対して刑罰などを科す場合は、当事者にあらかじめ内容を告知する必要があります。これは、当事者に弁解と防御の機会を与えるもので、当事者の言い分を聞くのが「聴聞」です。

一例ですが、交通違反で免許停止などの処分を科される場合、本人が希望すれば申し立てできます。警察で聴聞会が開かれ、そこで自分の言い分を述べる機会が与えられます。

ただし、第三十一条を逆に読めば、法律の定める手続きがきちんと施行されるなら、「生命」を奪われることもあるということでもあるのですが。

余談ですが、現場の警察官にしてみると、挙動不審な人物を見つけて職務質問したり、場合によっては警察署へ任意同行を求めたりする際、職務質問される側が、「どういう法的根拠で呼びとめたんだ」と反論してくると、対応に苦慮する、ということも起きます。

このため警察では、毎年「職務質問コンテスト」を実施し、憲法の趣旨や法律に違反しないで相手の理解を得て職務質問する能力を磨いています。

第三十二条　何人も、裁判所において裁判を受ける権利を奪はれない。

誰でも裁判所で裁判を受ける権利があります。当たり前なのですが、大事なことです。

もし「逮捕」されたら

第三十三条以降は、古めかしく持って回った表現が続くので、私が「超訳」します。

《第三十三条》　誰でも現行犯として逮捕されるときは、逮捕状は必要ない。

第三章　国民の権利及び義務

しかし、現行犯でなくて逮捕する場合は、裁判官が出した逮捕令状が必要である。この令状には、逮捕理由の犯罪が明示されていなければならない》

　現行犯ではないけれど、明らかに事件を起こしたと疑われる人物に対しては、「緊急逮捕」というケースがあります。この場合は、逮捕した後、直ちに裁判官から逮捕令状を発行してもらう必要があります。
　この条文によれば、逮捕状には逮捕の理由になっている犯罪が明示されていなければなりません。逮捕の際には、被疑者に逮捕状記載の逮捕容疑を読み上げることになっています。
　ところが、二〇一二年に神奈川県逗子市で女性デザイナーがストーカーに殺害された事件では、神奈川県警が、この女性にストーカー行為を繰り返していた男を逮捕する際、女性の結婚後の名字や転居先の市名などを読み上げてしまい、男は、これをヒントに女性の住所を探り当てたことが判明しました。
　このため現在は、各警察とも、ストーカー事件などでは被害者の個人情報の記載のない逮捕状を出してもらうようにしています。

73

《第三十四条　誰でも理由を告げられなければ警察や検察に逮捕・勾留されることはない。その際には、直ちに弁護人を依頼する権利がある。正当な理由がなければ拘束されることはなく、当事者の要求があれば、その理由について、本人と弁護人の出席する公開の法廷で示されなければならない。

第三十五条　正当な理由によって発行された令状がなければ、住居に侵入されたり、捜索されたり、持ち物を押収されたりすることはない。令状には、捜索する場所と押収するものが明示されていなければならない。

② 捜索や押収は、裁判所が発行した、それぞれの令状がなければならない》

　正当な手続きによらずに集めた資料は、裁判の証拠にはなりません。ですから、刑事が勝手に容疑者の家に忍び込み、犯行の決め手になる資料を手に入れても、裁判では証拠として認められないのです。

第三十六条　公務員による拷問及び残虐な刑罰は、絶対にこれを禁ずる。

第三章　国民の権利及び義務

第三十六条は「超訳」ではなく原文のまま。「絶対にこれを禁ずる」と強い表現が使われています。

ここで禁止している「残虐な刑罰」に死刑は該当するのでしょうか。死刑廃止論者が死刑はこの条文に違反するとして提訴したことがありますが、最高裁判所は一九四八年、「直ちに残虐な刑罰に該当するとは考えられない」という判断を下しています。

《第三十七条》　すべての刑事事件で、被告人は、公平な裁判所の素早い公開裁判を受ける権利がある。

② 刑事被告人は、すべての証人に対して問い質すことができるチャンスを与えられる。証人が嫌がっても、証人を強制的に裁判所に呼ぶことができる。交通費などは公費で負担する。

③ 刑事被告人は、どんなときでも正式な資格を持った弁護人を依頼することができる。被告人が自らこれを依頼することができないときは、国が弁護士をつける。

第三十八条　誰も自分に不利なことを無理やり言わされることはない。

② 強制や拷問、脅迫による自白や、不当に長く勾留された後での自白は、証拠とすることができない。
③ 自分に不利な唯一の証拠が、本人の自白の場合には、罪に問われない》

これは、「自白至上主義」への戒めです。戦前は、他に証拠がなくても、「本人が自白しているから」という理由で有罪判決が出ていました。こうなると警察は、「自白さえ引き出せればいい」とばかりに、他の証拠収集が疎かになり、冤罪を生んできたという反省にもとづいています。

裁判では、被告の自白が自主的なものであるかどうかが問われることがしばしばあります。取調官の誘導や脅迫によって自白を引き出したとしたら、証拠にはなりません。そこで、取り調べが正当なものであったかどうかを証明するため、「取り調べの可視化」が始まりました。

取り調べの可視化とは、取り調べの様子を録音・録画することです。警察による可視化は二〇〇八年度から一部で始まりました。

ただし容疑者が拒否したり、捜査員が捜査に支障があると判断したりした場合は行わ

第三章　国民の権利及び義務

ないことになっています。

「一事不再理」と冤罪

《第三十九条　実行の時に適法であった行為や、いったん無罪とされた行為については、刑事責任を問われない。また同一の犯罪について、重ねて刑事上の責任を問われない》

一度無罪判決が確定したら、その後に犯人だと判明しても逮捕・起訴されることはありません。これが「一事不再理」です。推理小説の材料としてよく使われます。

《第四十条　抑留や拘禁されたりした後、無罪の裁判を受けたときは、法律にもとづいて補償を求めることができる》

最近の典型例は、一九九〇年に起きた足利(あしかが)事件です。栃木県足利市にあるパチンコ店の駐車場から女児（四歳）が行方不明になり、翌朝、近くの渡良瀬川(わたらせ)の河川敷で遺体となって発見された事件です。犯人として逮捕・起訴され、実刑が確定して服役した菅家

77

利和氏は、遺留物のDNAが一致しないことが後になって判明し、再審で無罪が確定しました。
この事件について、二〇二一年一月、宇都宮地方裁判所が、国に補償金約八〇〇〇万円を支払うように命じました。
補償の対象期間は逮捕から釈放までの十七年半で、一日当たり上限の一万二五〇〇円で計算されました。冤罪が起きると、補償金は支払われますが、不当な扱いを受けた人の人生は取り返せません。

第四章　国会

第四章　国会

[国の唯一の立法機関]

ここでは、憲法第四章の「国会」を取り上げます。第四章も、第四十一条から第六十四条までと長い章になっています。

第四十一条　国会は、国権の最高機関であつて、国の唯一の立法機関である。

日本は三権分立の国家です。立法（国会）、行政（内閣）、司法（裁判所）の三つの権力は独立していて、相互にチェックし合う構造になっています。とはいえ、三権が同じ力を持っているのではなく、国会が「最高機関」だと規定しています。国会だけが、国

民から直接選ばれた議員によって成り立っているからです。
「国の唯一の立法機関」ということは、法律を作ることができるということです。

国会議員は法律を作るのが仕事なのです。このため、議員が独自に法案を作成する場合（議員立法）に備えて、衆議院にも参議院にも法制局があり、法案の形にまとめる相談相手になっています。

ただし、実際には、各官庁が法案を作り、内閣が国会に提案して法律になるケースが圧倒的に多いのが現状です。

英語で国会議員のことを「Lawmaker」（法律を作る人）とも言います。本当は法律を作ってこそ国会議員なのです。

第四十二条　国会は、衆議院及び参議院の両議院でこれを構成する。
第四十三条　両議院は、全国民を代表する選挙された議員でこれを組織する。
② 両議院の議員の定数は、法律でこれを定める。

衆議院と参議院

国会は、衆議院と参議院の二院制です。戦前は、衆議院と貴族院の二院制でした。貴族院は、大日本帝国憲法下での帝国議会に、衆議院と並列の力関係で存在していました。皇族は終身議員。華族議員はいくつものクラスに分かれ、公爵議員と侯爵議員は終身議員でしたが、伯爵、子爵、男爵に関しては、同格の者による互選で、任期は七年でした。これ以外に天皇から任命される勅選議員も終身議員でした。議員の数は変動しましたが、廃止される一九四七（昭和二二）年当時は三七三人いました。

衆議院議員のことを「代議士」と呼ぶのは、戦前、国民の代表として選挙で選ばれるのは衆議院議員だけだったからです。「大衆の代表として議論」する人という意味です。代議士の戦前は女性の参政権が認められていなかったので、選ばれるのは男性だけ。代議士の「士」の呼び名に痕跡を留めます。

戦後、GHQ（連合国軍総司令部）のマッカーサー司令官の命令で作成された憲法草案では、国会は衆議院だけの一院制になっていましたが、日本側は「日本には二院制がふさわしい」と主張。日本側の主張が認められ、貴族院が参議院に代わって、二院制は維持されたのです。

ちなみに、「衆議院」というのは、「大衆の代表が議論する場所」という意味です。これに対して「参議院」は、「衆議院での議論に参画する」という意味です。主役は衆議院であることが、名前からわかります。

第四十四条 両議院の議員及びその選挙人の資格は、法律でこれを定める。但し、人種、信条、性別、社会的身分、門地、教育、財産又は収入によって差別してはならない。

衆議院と参議院の議員の数（議員定数）は憲法では決められていません。別途、法律で定めることになっています。

二〇一三年六月、衆議院の小選挙区の定数を「0増5減」つまり五つの選挙区で一人ずつ削減する改正公職選挙法が可決・成立しました。

これは、選挙区によって「一票の重み」に格差がある現状を改革し、選挙区間の格差を二倍未満にするために実施されました。

この結果、衆議院の総定数は四八〇人から四七五人に削減されました。

なお、参議院については、現在の議員定数は二四二人となっています。

第四章　国会

また、「選挙人の資格」も、別途法律で決められます。現在は、二十歳以上の日本国民に選挙権が与えられていますが、これを十八歳に引き下げることになっています。

「人種、信条、性別、社会的身分、門地、教育、財産又は収入によって差別してはならない」とあるのは、貴族院のような身分制度は認めない、という意味です。

第四十五条　衆議院議員の任期は、四年とする。但し、衆議院解散の場合には、その期間満了前に終了する。

第四十六条　参議院議員の任期は、六年とし、三年ごとに議員の半数を改選する。

衆議院の任期は四年、参議院は六年です。ただし、衆議院は途中で解散することがあります。戦後、衆議院議員が任期いっぱい務めたことがあるのは、一九七二年から七六年にかけてだけです。後は、任期の途中で解散されています。

参議院は、三年毎に半数改選です。これは、参議院議員も衆議院議員と同じように全員を一度に改選する制度になっていた場合、衆参同時選挙になると、国会に国会議員が一人もいなくなるという事態になってしまう恐れがあるので、それを避けるためです。

戦後最初の参議院選挙で、上位当選者の任期を六年、下位当選者の任期を三年とすることで、三年ごとの改選ができるようにしました。

第四十七条　選挙区、投票の方法その他両議院の議員の選挙に関する事項は、法律でこれを定める。

　衆議院選挙の方法が、中選挙区から小選挙区比例代表並立制に変わったり、参議院選挙の全国区が比例代表になったりするなど、選挙制度はたびたび改訂されます。憲法のこの条文にもとづいているのです。

第四十八条　何人も、同時に両議院の議員たることはできない。

　衆議院議員と参院議員の両方に同時になれることはないという、至極当たり前のことを記していますが、こう書いておかないと、試みる人が出かねないですからね。

84

第四章　国会

国会議員の給料と特権

第四十九条　両議院の議員は、法律の定めるところにより、国庫から相当額の歳費を受ける。

「歳費」とは国会議員の給料のこと。「国庫から」つまり国民の税金から支払います。「相当額」とあるので、「相当たくさんもらえるのか」と誤解する人がいるかも知れませんが、これは「国会議員にふさわしい金額」という意味です。

「国会法」で、「相当額の歳費」とは、一般職の国家公務員の最高の給料の額以上と決まっています。

大臣や議長以外の一般の国会議員の歳費は、毎月一二九万四〇〇〇円。これに年二回の期末手当（ボーナス）が加わり、年に約二一〇〇万円を受け取っています。やっぱり「相当たくさんもらっている」と思うでしょうか。

第五十条　両議院の議員は、法律の定める場合を除いては、国会の会期中逮捕されず、会期前に逮捕された議員は、その議院の要求があれば、会期中これを釈放しなければな

らない。

国会議員にはさまざまな特権があります。「不逮捕特権」もそのひとつです。国会が開かれている間は、逮捕されないのです。どうして議員は逮捕されないのか。たとえば、こんな事態を考えてみましょう。

政府としてどうしても成立させたい法案があるが、反対派議員の方が一人多くて成立しそうもない。反対派の議員が一人でも欠席すれば、賛否同数となり、議長の賛成で法案は成立する。政府が、警察や検察を使って、反対派の国会議員を逮捕すると、どうなるのか。それをさせないために、この規定があります。

でも、いくら国会議員でも、悪いことをしているのに逮捕されないのでは、国民が怒ります。そこで「逮捕許諾請求」という仕組みがあります。これが「法律の定める場合」です。

警察や検察が「逮捕する必要がある」と考える場合、逮捕の理由とその根拠を国会に示し、国会（逮捕する議員が衆議院議員だったら衆議院）の議員たちに判断してもらい、OKが出たら逮捕できるのです。

第四章　国会

また、現行犯なら逮捕されます。かつて夜の六本木の路上で女性にけしからん振る舞いに出た国会議員が逮捕されたことがあります。現行犯だったからです。

第五十一条　両議院の議員は、議院で行つた演説、討論又は表決について、院外で責任を問はれない。

これは、国会議員に、国会で自由闊達に議論してもらえるように定められた規定です。国会で発言した内容のために名誉棄損で訴えられたりしたら、うっかり発言できない、ということです。

逆に言えば、それだけ保護されているのですから、それなりの品位と責任を持って発言してほしいものです。

国会のしくみ

続く第五十二条から第六十四条までの条文では、国会の開催、法案の議決、衆議院の優越、裁判官の弾劾（だんがい）などが定められています。

第五十二条 国会の常会は、毎年一回これを召集する。
第五十三条 内閣は、国会の臨時会の召集を決定することができる。いづれかの議院の総議員の四分の一以上の要求があれば、内閣は、その召集を決定しなければならない。

毎年一回召集される「常会」というのは、「通常国会」のこと。ここで翌年度の予算案を審議し、議決します。

「臨時会」は、「臨時国会」です。四月から新年度予算が執行されますが、景気が思わしくないために補正予算を組もうとなった場合などに、臨時国会が開かれることが多くなります。秋に開かれることが多くなります。

第五十四条 衆議院が解散されたときは、解散の日から四十日以内に、衆議院議員の総選挙を行ひ、その選挙の日から三十日以内に、国会を召集しなければならない。
② 衆議院が解散されたときは、参議院は、同時に閉会となる。但し、内閣は、国に緊急の必要があるときは、参議院の緊急集会を求めることができる。

第四章　国会

③ 前項但書の緊急集会において採られた措置は、臨時のものであつて、次の国会開会の後十日以内に、衆議院の同意がない場合には、その効力を失ふ。

衆議院総選挙の後に召集される国会は「特別国会」です。ここで内閣総理大臣を指名します。それまでの総理大臣が引き続き指名されると、新しく内閣を作ります。これは、「第二次○○内閣」と呼ばれます。その後、選挙に関係なく内閣改造が行われた場合は、「第二次○○改造内閣」と呼びます。

衆議院総選挙は、衆議院が解散して実施されますから、この時点で、衆議院議員の現職は誰もいません。そこで、何かある場合は、参議院が緊急集会で臨時の対応を行います。

第五十五条　両議院は、各々その議員の資格に関する争訟を裁判する。但し、議員の議席を失はせるには、出席議員の三分の二以上の多数による議決を必要とする。

議員を辞めさせるには

「議員の資格」とは、被選挙権（選挙に立候補できる権利）があること、他の議院と兼職をしていないことです。議員に当選した後、資格を失った場合に、衆議院議員なら衆議院が、参議院議員なら参議院が、それぞれ裁判をして、三分の二以上の賛成があれば議員を辞めさせることができます。

第五十六条 両議院は、各〻その総議員の三分の一以上の出席がなければ、議事を開き議決することができない。

② 両議院の議事は、この憲法に特別の定のある場合を除いては、出席議員の過半数でこれを決し、可否同数のときは、議長の決するところによる。

第五十七条 両議院の会議は、公開とする。但し、出席議員の三分の二以上の多数で議決したときは、秘密会を開くことができる。

② 両議院は、各〻その会議の記録を保存し、秘密会の記録の中で特に秘密を要すると認められるもの以外は、これを公表し、且つ一般に頒布しなければならない。

③ 出席議員の五分の一以上の要求があれば、各議員の表決は、これを会議録に記載し

第四章　国会

なければならない。

第五十八条　両議院は、各々その議長その他の役員を選任する。

② 両議院は、各々その会議その他の手続及び内部の規律に関する規則を定め、又、院内の秩序をみだした議員を懲罰することができる。但し、議員を除名するには、出席議員の三分の二以上の多数による議決を必要とする。

このあたりは、わざわざ解説しなくても、おわかりいただけるでしょう。「議員を除名」させることが簡単ではないのは、国民の選挙で選ばれてきたからです。それでも「院内の秩序」を乱した場合には出席議員の三分の二以上の多数決で除名つまり国会議員でなくしてしまうことができます。

ただし、「院内の秩序」を乱したかどうかが問題なので、国会の外で国会議員の品格を失わせるような行為をしたからといって、除名することはできません。こういうときは、「議員辞職勧告決議案」を議決することができますが、強制力はありません。過去に居座った議員もいます。

第五十九条　法律案は、この憲法に特別の定のある場合を除いては、両議院で可決したとき法律となる。
② 衆議院で可決し、参議院でこれと異なつた議決をした法律案は、衆議院で出席議員の三分の二以上の多数で再び可決したときは、法律となる。
③ 前項の規定は、法律の定めるところにより、衆議院が、両議院の協議会を開くことを求めることを妨げない。
④ 参議院が、衆議院の可決した法律案を受け取つた後、国会休会中の期間を除いて六十日以内に、議決しないときは、衆議院は、参議院がその法律案を否決したものとみなすことができる。

　第五十九条は、「ねじれ国会」のときに、しばしば使われた条項です。衆議院は与党が多数なのに、参議院は野党が多数の場合、衆議院で可決された法案が、参議院で否決されてしまうことがありました。
　もちろん、両院協議会で相談して法案を修正することもありますが、衆議院で三分の二以上の賛成で再可決して法律を制定することができました。

第四章　国会

なぜ衆議院が強いのか

第六十条　予算は、さきに衆議院に提出しなければならない。

② 予算について、参議院で衆議院と異なった議決をした場合に、法律の定めるところにより、両議院の協議会を開いても意見が一致しないとき、又は参議院が、衆議院の可決した予算を受け取った後、国会休会中の期間を除いて三十日以内に、議決しないときは、衆議院の議決を国会の議決とする。

第六十一条　条約の締結に必要な国会の承認については、前条第二項の規定を準用する。

第六十条と第六十一条は、「衆議院の優越」を定めています。通常の法案は、衆議院と参議院の両方の賛成があって初めて法律となりますが、内閣総理大臣の指名と、ここに示された予算案と外国との条約の承認（批准（ひじゅん））は、衆議院の判断が優先します。なぜか。

たとえば予算は、衆議院と参議院が対立していつまでも決まらないと、国の機能がマヒしてしまいます。

外国との条約も、国の代表者が外国と結んだ約束を、国会がいつまでたっても認めないということになると、外国に対して失礼です。そこで、衆議院に強い力を与えることで、混乱を避けようとしているのです。

なぜ衆議院が強いのか。それは、衆議院には「解散」があるからです。衆議院は解散がある分、参議院より頻繁に選挙があります。それだけ直近の国民の世論をよく反映していると考えられ、国民の世論をより反映している分、力も強いというわけです。

第六十二条　両議院は、各々国政に関する調査を行ひ、これに関して、証人の出頭及び証言並びに記録の提出を要求することができる。

かつてのロッキード事件やリクルート事件、建築での耐震偽装問題や最近ではAIJの年金消失問題など、大きな事件が起きた際、関係者が国会に呼び出される「証人喚問」が行われました。これは、この条項にもとづきます。また「国政調査権」を規定し、これにもとづき国会法や「議院証言法」で証人喚問や参考人聴取ができることになって

第四章　国会

いますが、「記憶にございません」とはぐらかされることもあります。

第六十三条　内閣総理大臣その他の国務大臣は、両議院の一に議席を有すると有しないとにかかわらず、何時でも議案について発言するため議院に出席することができる。又、答弁又は説明のため出席を求められたときは、出席しなければならない。

第六十四条　国会は、罷免の訴追を受けた裁判官を裁判するため、両議院の議員で組織する弾劾裁判所を設ける。

② 弾劾に関する事項は、法律でこれを定める。

弾劾裁判とは

日本は三権分立です。司法（裁判所）は、国会が成立させる法律が憲法違反でないか審査できる権限（違憲立法審査権）を持っています。これに対して、国会は、裁判官としてふさわしくない人物を「罷免」つまり辞めさせることができます。それが、第六十四条に規定された弾劾裁判です。

最近では、二〇一二年八月、電車内で女性の下着を盗撮したとして罰金刑を受けた大

阪地裁の裁判官（判事補）に対する弾劾裁判が、二〇一三年四月に行われ、罷免判決が下されました。罷免判決は七人目です。

弾劾裁判を開くには、まずは「罷免の訴追」が必要です。裁判官弾劾裁判所と同じように国会に置かれて国会議員によって構成される裁判官訴追委員会が訴追を決めます。弾劾裁判所は参議院第二別館にあり、訴追委員会は衆議院第二議員会館内にあります。

弾劾裁判は、衆参両議院の一四人が裁判員となって裁判を実施。三分の二以上の賛成で罷免判決が下されます。

罷免された裁判官は、裁判官の身分を失うだけでなく、法曹資格である弁護士や検察官になる資格も失います。司法と立法の相互監視なのです。

第五章　内閣

行政権と総理大臣

第五章は「内閣」です。第六十五条から第七十五条までが含まれます。内閣は、ニュースにも頻繁に登場しますし、いろいろな要素が含まれる重要なものです。憲法ではどのように規定されているか、見ていきましょう。

第六十五条　行政権は、内閣に属する。

日本は三権分立です。国会が立法、裁判所が司法で、内閣が行政を担当します。法律を制定する国会も、裁判を行う裁判所も大事な存在ですが、私たちの暮らしに一番身近

なのは、なんといっても行政でしょう。治安の維持から道路や橋の建設・管理、社会保障など、私たちの生活を支えるのが行政です。都道府県や市町村は地方行政であり、内閣は国家の行政を担当します。

ただし、「行政権は、内閣に属する」と規定されていても、すべてを内閣が引き受けるわけではありません。実際には各省庁が実施し、内閣がその全体を総括します。

テレビニュースで、「政府は○○することになりました」という表現をよく聞きますね。この「政府」が、内閣のことなのです。ただし、ニュースでは、もう少し幅広くとらえ、中央省庁の幹部クラスの意向も「政府」として表現することがあります。

「内閣」という言葉は、中国の明や清の時代に存在した職名「内閣大学士」に由来します。もともとは皇帝の相談役として生まれ、やがて次第に多くの仕事を皇帝に代わって担うようになりました。

日本では、明治時代に天皇を補佐する機関として、この名前を使用しました。

ただし、大日本帝国憲法（いわゆる明治憲法）では、天皇が統治権を総攬つまりすべて持ち、内閣や内閣総理大臣に関する規定はありませんでした。内閣に関する規定は、勅令（天皇が定めた法）によって定められていました。いまの憲法になって、憲法で初

第五章　内閣

めてその存在が明文化されたのです。

第六十六条　内閣は、法律の定めるところにより、その首長たる内閣総理大臣及びその他の国務大臣でこれを組織する。
② 内閣総理大臣その他の国務大臣は、文民でなければならない。
③ 内閣は、行政権の行使について、国会に対し連帯して責任を負ふ。

大日本帝国憲法下では、内閣総理大臣は大臣たちの中の首班ではありましたが、各大臣に対する指揮監督権や任免権はありませんでした。これでは権限が弱いので、いまの憲法では、内閣総理大臣が「首長」と規定されています。それだけ総理の権限が強くなったのです。

この条文では、「法律の定めるところにより」とあります。この法律が「内閣法」です。憲法では、国務大臣の数が定められていませんが、この数を規定しているのが内閣法なのです。

国務大臣の数は二〇人だった時代もありますが、省庁再編に伴い、一九九九年の改正

で、「国務大臣の数は、十四人以内とする。ただし、特別に必要がある場合においては、三人を限度にその数を増加し、十七人以内とすることができる」(内閣法第二条第二項)となっています。

しかし、行政改革の一環としての省庁再編で省庁の数は減らしたものの、内閣が担当する仕事は増えるばかりですから、限られた数の大臣が、いくつもの業務を兼務することになります。たとえば第二次安倍内閣の山本一太大臣は、「内閣府特命担当大臣」という肩書で「沖縄及び北方対策」「科学技術政策」「宇宙政策」、さらに「情報通信技術(IT)政策担当」「海洋政策・領土問題担当」を兼務していました。

内閣には内閣官房長官がいて、一日二回、内閣の方針について記者会見を開きます。官房長官という名称ですが、れっきとした国務大臣。これは内閣法第十三条に規定されています。

「文民」という不思議な規定

第六十六条には、第二項に不思議な文章があります。文民とは、内閣総理大臣と他の国務大臣は、「文民」でなければならないというのです。文民とは、軍人ではない人という意味。そ

第五章　内閣

もそも憲法第九条で「陸海空軍その他の戦力は、これを保持しない」と規定しています
から、日本には軍人は存在しないはず。おかしいですよね。

ここにわざわざ「文民」でなければならないという文章を挿入したということは、憲
法制定当時、将来は軍隊を保有することになるという想定をしていたのではないかとい
う議論もありますが、はっきりしません。いずれにしても軍隊は持たないことになって
いるのですから、ここでの文民とは、これまで職業軍人ではなかった人物と解されてい
ます。つまり、戦前に職業軍人だった人は総理や大臣にはなれないというわけです。

その後、自衛隊が成長し、国際社会の常識では「軍隊」になったことから、現在では
自衛官も文民ではないという説が有力です。

二〇〇一年に発足した第一次小泉政権で防衛庁長官に就任した中谷元氏は、元自衛隊
員だったことから、「文民」かどうかという議論が一部でありましたが、現職ではない
から問題ないということになりました。

第六十七条　内閣総理大臣は、国会議員の中から国会の議決で、これを指名する。この
指名は、他のすべての案件に先だつて、これを行ふ。

② 衆議院と参議院とが異なった指名の議決をした場合に、法律の定めるところにより、両議院の協議会を開いても意見が一致しないとき、又は衆議院が指名の議決をした後、国会休会中の期間を除いて十日以内に、参議院が、指名の議決をしないときは、衆議院の議決を国会の議決とする。

大臣の罷免と衆議院解散

内閣総理大臣は、国会議員の中から選ばれる。これが「議院内閣制」です。アメリカのような大統領制では、大統領が所属する政党と、議会の多数派の政党とが異なる「ねじれ」現象が起こりやすい特徴があります。しかし議院内閣制では、衆議院の多数派の政党から総理大臣が選ばれますから、少なくとも衆議院は総理の意向に従うはずです。衆議院と参議院の「ねじれ」は起きることがありますが、議院内閣制の場合は、総理大臣が衆議院の多数派と連携して職務が遂行しやすい仕組みになっています。

総理大臣の指名では、衆議院の議決が参議院より優先します。これが「衆議院の優越」です。なぜ、こんな規定があるのか。衆議院と参議院の指名が異なって、いつまでも総理大臣が決まらないようなことになったら困るので、この規定があるのです。

第五章　内閣

では、なぜ、衆議院は参議院より優越するのか。これは、前章で解説しましたね。衆議院には「解散」があるからです。衆議院は解散がある分、参議院より頻繁に選挙があり、それだけ直近の国民の世論をよく反映していると考えられるからです。

第六十八条　内閣総理大臣は、国務大臣を任命する。但し、その過半数は、国会議員の中から選ばれなければならない。

② 内閣総理大臣は、任意に国務大臣を罷免することができる。

国務大臣の過半数は国会議員の中から選ばなければならない。逆に言えば、半分近くまでなら国会議員ではない民間人を大臣にすることができるのですが、民間人がそれほど多く任命されることはありません。

二〇一二年六月の野田第二次改造内閣で、拓殖大学大学院教授だった森本敏氏が防衛大臣に任命されたときは、当時の野党の自民党から、「国民の選挙で選ばれたわけではない人が自衛隊のトップに立つのはいかがなものか」との疑義が出されたこともあります。ただ、森本氏が、自民党の防衛問題のブレーンだったこともあり、大きな反対に

はなりませんでした。

この条文の第二項では、総理大臣は「任意に国務大臣を罷免することができる」と規定しています。これは、「総理はいつでも大臣をクビにできる」という意味です。この規定が、総理の力の源泉です。

この力を使って見せたのが、当時の小泉純一郎総理です。

二〇〇五年八月の参議院本会議で郵政民営化法案が否決されると、小泉総理は衆議院を解散します。この際、衆議院の解散を決める臨時閣議で、島村宜伸農水相が閣議決定文書に署名することを拒否して辞表を提出すると、小泉総理は辞表を受理せずに島村農水相を罷免。総理自らが農水相を兼務して解散を閣議決定しました。

第六十九条　内閣は、衆議院で不信任の決議案を可決し、又は信任の決議案を否決したときは、十日以内に衆議院が解散されない限り、総辞職をしなければならない。

小泉内閣は、自ら衆議院を解散しましたが、衆議院が内閣不信任を可決した場合は、内閣は解散か総辞職をしなければなりません。

第五章　内閣

解散するのは、「内閣と衆議院のどちらを国民が支持するか、選挙で判断を問うてみよう」ということです。

過去に野党からの内閣不信任決議が可決されたケースとしては、第二次吉田茂内閣（一九四八年）、第四次吉田茂内閣（一九五三年）、大平正芳内閣（一九八〇年）、宮沢喜一内閣（一九九三年）の計四回あります。

また、一九九二年には「PKO協力法案」をめぐって野党が抵抗することに業を煮やした自民党が、あえて「内閣信任決議」を提出して可決し、野党の抵抗を封じたケースがあります。

さらに第五章での続く条文を見てみましょう。

総理大臣が欠けたとき

第七十条　内閣総理大臣が欠けたとき、又は衆議院議員総選挙の後に初めて国会の召集があつたときは、内閣は、総辞職をしなければならない。

「内閣総理大臣が欠けたとき」とありますが、これは端的に言えば、総理大臣が在任中に死亡するような事態が想定されています。これで思い出されるのが、一九八〇年六月の衆議院総選挙中に急死した大平正芳総理です。

当時の自民党内は、主流派と反主流派が激しく対立。野党の社会党が提出した内閣不信任決議案の採決に当たって、反主流派が欠席したため、不信任案が可決されるというハプニングが起きました。大平総理は、内閣総辞職はせずに衆議院を解散。総選挙となりましたが、選挙の街頭演説中に体調不良を訴えて入院。六月十二日に心筋梗塞で死亡しました。七十歳でした。

総理在任中の死亡は、一九二六年の加藤高明の病死、一九三二年に「五・一五事件」で暗殺された犬養毅以来ですが、現憲法下では初めてのことでした。

憲法の規定では、「内閣総理大臣が欠けた」のですから、内閣総辞職ですが、その一方で、総選挙の最中でしたから、「衆議院議員総選挙の後に初めて国会の召集があったとき」にも該当し、内閣は総辞職しています。

二〇〇〇年四月には小渕恵三総理が脳梗塞で倒れ、首相臨時代理になった青木幹雄官房長官が内閣総辞職を決めています。小渕氏は、総理辞職後、死去しました。小渕氏が

第五章　内閣

倒れたときに青木官房長官を臨時代理に指名したとされていますが、小渕氏は既に意識がなく、指名は不可能ではなかったかとの疑惑が残りました。

第七十一条　前二条の場合には、内閣は、あらたに内閣総理大臣が任命されるまで引き続きその職務を行ふ。

第六十九条での内閣総辞職、あるいは第七十条での内閣総辞職の場合、後任の総理が任命されるまでの間、内閣は職務を続行すると定めています。そうでないと、内閣が存在しなくなりますからね。

強大な「総理の力」

第七十二条　内閣総理大臣は、内閣を代表して議案を国会に提出し、一般国務及び外交関係について国会に報告し、並びに行政各部を指揮監督する。

総理大臣がいかに強い力を持っているかがよくわかるのが、この条項です。

小泉純一郎元総理は「原発ゼロ」を主張し、二〇一三年十一月十二日に日本記者クラブで行った記者会見で、次のように語っています。
「いかに国民から与えられた権力を、望ましい、あるべき姿に向かって使うか。使おうと思えば、使えるんですよ。総理が決断すれば、原発ゼロ反対派は黙っちゃいますよ」
多くの反対を押し切って郵政民営化に邁進した小泉元総理らしい発言です。総理大臣には、それだけの権力がある。その根拠が、この第七十二条なのです。
その一方、宮沢喜一元総理は、日経新聞に連載された『私の履歴書』の中で、「私は本来、権力の行使にはあまり強い関心はなく、実際に自分が首相になった時もそういう信念で行動した」と述べています。総理の絶大な権力は抑制的に行使しなければならないというのがモットーだったのです。
第七十二条の「行政各部を指揮監督する」という権限が、どこまでのことを意味するのかが問題になったのが、田中角栄元総理のロッキード事件でした。この事件は、田中元総理がロッキード社から五億円の賄賂を受け取り、運輸大臣に対して全日空がロッキード社の航空機を購入するように働きかけたとされる事件です。
田中元総理は裁判中に亡くなり、公訴棄却、つまり裁判が途中で中止されましたが、

第五章　内閣

最高裁判所は一九九五年二月の大法廷判決で、総理大臣の職務権限について判断しています。それによると、内閣総理大臣は、行政各部を指揮監督する上では閣議決定が必要となっているけれど、「流動的で多様な行政需要に遅滞なく対応するため」「行政各部に対し、随時、その所掌事務について一定の方向で処理するよう指導、助言等の指示を与える権限を有する」と述べています。

つまり、内閣総理大臣には、とても強い力が与えられていると最高裁が「お墨付き」を与えているのです。その権力をどう使うのか。それにより、歴代の総理大臣の評価が定まります。

「恩赦」とは何か

次に、第七十三条では、一般的な行政事務以外に、さまざまな職務があることを規定しています。

第七十三条　内閣は、他の一般行政事務の外、左の事務を行ふ。

一　法律を誠実に執行し、国務を総理すること。

二　外交関係を処理すること。
三　条約を締結すること。但し、事前に、時宜によつては事後に、国会の承認を経ることを必要とする。
四　法律の定める基準に従ひ、官吏に関する事務を掌理すること。
五　予算を作成して国会に提出すること。
六　この憲法及び法律の規定を実施するために、政令を制定すること。但し、政令には、特にその法律の委任がある場合を除いては、罰則を設けることができない。
七　大赦、特赦、減刑、刑の執行の免除及び復権を決定すること。

　一に「国務を総理すること」とあります。国の仕事全体を見ること、だから内閣のトップは「総理大臣」と呼ばれるのだということがわかります。
　二の「外交関係を処理すること」は、日々の外交は外務大臣が担当するが、大事な問題は内閣の代表の総理大臣自らが外国の首脳と会って決めることです。最近は日中関係、日韓関係が悪化しています。安倍晋三総理の手腕が問われます。
　三の「条約を締結すること」に関しては、事前に、場合によっては事後に「国会の承

第五章　内閣

認を経ることを必要とする」とあります。これがいわゆる「条約の批准」です。内閣は日本を代表して、各国と条約を結びますが、国会の批准つまり承認がなければ、その条約は効力を持たないのです。

四や五はわかりやすいと思いますが、六には「政令を制定すること」とあります。

「政令」とは内閣からの命令のことです。

でも、場合によっては法律並みの効力を持ちますから乱発は許されません。閣議決定され、管轄の大臣、総理大臣が連署（一緒に署名）し、天皇が公布して、官報に掲載されます。もちろん、その内容が憲法や法律に違反していたら無効です。

七の「大赦、特赦、減刑、刑の執行の免除及び復権を決定すること」は、不思議な項目です。裁判で確定した罪を軽くしたり、取り消したりできるのですから。

これらは「恩赦」と呼ばれ、「恩赦法」で定められています。国家的にめでたい行事などに際して、凶悪犯ではない者については罪を軽くしたり、免除したりしてやろうというものです。このうち「大赦」は、政令で定めた罪に関し、有罪判決を受けた者について判決の効力を失わせ、起訴中の人間に関しては起訴を取り消します。

「特赦」は、有罪の言い渡しを受けた特定の人に対して行われるので、「個別恩赦」と

もいいます。こちらは判決が確定していることが条件です。

恩赦の実施が近いという観測が流れると、選挙違反などで裁判中の政治家が控訴を取り下げて刑を確定させ、恩赦で罪を免除してもらおうと行動するケースも出てきます。

ただ、一般的には、判決が重くて長期にわたる刑務所暮らしでは更生するのがむずかしくなると考えられる人物などに関し、本人の申し出で、中央更生保護審査会が審査し、特赦や刑の減軽を実施します。こちらは、毎年四〜五〇人が刑を減軽されています。

いまの憲法下で、国家的慶弔のために恩赦が実施されたのは、次の九回です。

サンフランシスコ平和条約発効、つまり日本が独立を回復した日。同年の皇太子殿下（いまの天皇）の立太子礼。日本が国際連合に加盟した日。皇太子殿下（いまの天皇）の御結婚。明治百年記念。沖縄復帰。昭和天皇御大喪。今上天皇御即位。皇太子殿下御結婚。

第七十四条　法律及び政令には、すべて主任の国務大臣が署名し、内閣総理大臣が連署することを必要とする。

第五章　内閣

これは、先ほどの政令のところでも取り上げましたね。

第七十五条　国務大臣は、その在任中、内閣総理大臣の同意がなければ、訴追されない。
但し、これがため、訴追の権利は、害されない。

大臣は、総理が同意しなければ、起訴されることはありません。その一方、「訴追の権利は、害されない」ので、大臣の職を降りれば、起訴されることはあるのです。内閣の安定のための規定ですが、「大臣だから起訴されない」ということになれば、かえって大騒ぎになりますから、総理が大臣を庇うのはむずかしいでしょうね。

113

第六章　司法

司法権と五つの裁判所

日本は三権分立。立法、行政、司法が、それぞれ独立して、互いにチェックし合っています。そのため日本国憲法でも、それぞれ章を分けています。第四章が「国会」(立法)、第五章が「内閣」(行政)。そして第六章が「司法」で、第七十六条から第八十二条までを取り上げます。

第七十六条　すべて司法権は、最高裁判所及び法律の定めるところにより設置する下級裁判所に属する。

②　特別裁判所は、これを設置することができない。行政機関は、終審として裁判を行

ふことができない。

③ すべて裁判官は、その良心に従ひ独立してその職権を行ひ、この憲法及び法律にのみ拘束される。

この条文を「超訳」すると、以下のようになります。

《第七十六条　裁判を行うことができるのは、最高裁判所と、法律で設置された裁判所に限られる。法律で設置された裁判所は、下級裁判所といって、最高裁判所より下に位置する。

② 最高裁判所や、その下に位置する裁判所以外の特別の裁判所を設置することはできない。役所は、裁判所の代わりに裁判所のような役割を果たすことができるが、裁判所に代わって最終判断することはできず、不服がある人は、本来の裁判所に訴えることができる。

③ 裁判官はすべて、良心に従って独立して判断を下すことができ、この憲法と法律にのみ拘束される》

第六章　司法

第七十六条では、司法権つまり裁判をする権限を持っているのは、「最高裁判所」と「下級裁判所」に限られると明記しています。下級裁判所とは、高等裁判所、地方裁判所、家庭裁判所、簡易裁判所の四種類です。

日本の裁判は三審制。裁判の判決に不服なら、上級の裁判所で再度審理するように求めることができます。

地方裁判所や簡易裁判所の判決に不満があるなら、高等裁判所に控訴でき、高等裁判所の判断にも納得できなければ、最高裁判所に上告できます。

計三回の裁判を受ける権利があるので、これを三審制といいます。裁判官といえども人の子。判断を誤ることがあるので、複数回の裁判を受ける権利が保障されているのです。とはいえ、最高裁判所は、通常は書類の審理のみで、事実調べはしません。法令の適用に重大な判断ミスがあったりしないかぎり、高等裁判所の判断を覆すことは、滅多にないのが実情です。

最高裁判所の裁判官は全部で一五人。裁判官全員で判断する場合は大法廷。それ以外は裁判官五人による小法廷で判決が下されます。過去の最高裁判所の判例を変更するよ

117

うな場合は、公開の法廷を開き、原告・被告双方の言い分を聞いた上で判決を出します。

通常の裁判での一審は地方裁判所ですが、民事事件に関しては、簡易裁判所で請求金額が少ない場合や、有罪判決でも罰金刑程度の軽い刑事事件に関しては、簡易裁判所が一審になります。

裁判官は一人だけ。裁判官というと、一般的には司法試験に合格し、司法研修所で研修を受け、裁判官として採用されなければなりませんが、経験豊かな裁判所の書記官や法律の学者などが裁判官になるケースも多いのです。

また、家庭裁判所は、家庭に関する事件の審判や調停、少年事件などを担当する裁判所です。離婚や養子などの問題も取り扱います。

最近では性別の変更も担当するようになりました。男性から女性、女性から男性へと戸籍上での性の変更を求める訴えが起きるようになってきたからです。

裁判は一般的に公開されますが、家庭裁判所は、扱う事柄が個人のプライバシーに関わることが多いため、原則として非公開で行われます。

地方裁判所の場合は、裁判官一人で判決を言い渡す場合と、三人の裁判官で判決を出す場合があり、後者の場合は三人のうちのトップが裁判長として判決を言い渡します。

なぜ「裁判員制度」なのか

二〇〇九年からは、殺人や強盗など重大な事件に関しては、裁判員裁判が導入されました。これは、有権者名簿に掲載されている人の中から無作為抽出で選ばれた人たちが、裁判員として裁判に参加。プロの裁判官と共に判断する仕組みです。裁判員は六人。プロの裁判官三人と共に判断します。

たとえば殺人事件だと、素人の裁判員も、被害者の遺体など悲惨な現場写真を見なければならず、精神的に打撃を受ける人もいて、しばしば問題になります。

それでもなぜ裁判員制度を導入したのか。日本は、三権分立で、国民が選挙で選んだ国会議員が立法の権限を持ち、国会議員たちの中から選ばれた総理大臣が行政権を持つ形になっていますが、司法だけは、国民の代表が関わる仕組みになっていませんでした。

そこで、国民の代表が裁判員として加わることで、司法にも国民の代表を関与させると共に、庶民の常識や感覚を判決の量刑などに生かそうということになったのです。

「特別裁判所の禁止」というのは、馴染みがないかも知れません。現在では禁止され、存在していないので、想像しにくいからです。

しかし、大日本帝国憲法（いわゆる明治憲法）の下では、大審院（現在の最高裁判所

119

に該当)に訴えることができない裁判所として、軍法会議（軍隊内の裁判）や行政裁判所などが存在しました。こうした特別な裁判所は公平ではないとして、戦後、禁止されたのです。

ましで軍法会議は、軍隊を持たないという現在の憲法下では、存在できません。自衛隊は軍隊ではないという建前ですから、自衛官の過失や犯罪も、一般の人と同じように通常の裁判所で裁かれます。自民党の憲法改正草案では、国防軍を持つので、国防軍の中に「審判所」を設置することになっています。ただし、被告が裁判所に上訴する権利は保障されます。

こうなると、いまの憲法で禁止されている特別裁判所を設置するように読めますが、その一方で、自民党草案でも特別裁判所の設置は禁止されています。とすると、「審判所」とは何か、という問題に発展すると思うのですが。

裁判官をクビにするには

特別裁判所の設置を禁止している憲法ですが、例外的に認めている特別裁判所があります。それが「弾劾裁判所」です。すでに取り上げたように、第六十四条には、以下の

120

第六章　司法

ような規定があるからです。

第六十四条　国会は、罷免の訴追を受けた裁判官を裁判するため、両議院の議員で組織する弾劾裁判所を設ける。
② 弾劾に関する事項は、法律でこれを定める。

裁判官弾劾裁判で裁判官の資格を失うことになっても、被告は通常の裁判所に訴えたり、上訴したりすることはできません。独立した強い権限を持つ司法を、立法の場で監視するためなのです。
続いて第七十七条です。

第七十七条　最高裁判所は、訴訟に関する手続、弁護士、裁判所の内部規律及び司法事務処理に関する事項について、規則を定める権限を有する。
② 検察官は、最高裁判所の定める規則に従はなければならない。
③ 最高裁判所は、下級裁判所に関する規則を定める権限を、下級裁判所に委任するこ

121

とができる。

これを「超訳」すると、こうなります。

《**第七十七条** 最高裁判所は、裁判に関する手続きや弁護士に関する決まり、裁判所の内部規律などのルールを独自に決める権限を持っている。
② 検察官は、最高裁判所の定めたルールに従わなければならない。
③ 最高裁判所は、下級裁判所に関する規則を定める権限を持っているが、その権限を下級裁判所に任せることができる》

こうして見ると、最高裁判所が、いかに絶大な権限を保有しているかがわかります。

では、第七十八条です。

第七十八条 裁判官は、裁判により、心身の故障のために職務を執ることができないと決定された場合を除いては、公の弾劾によらなければ罷免されない。裁判官の懲戒処分

第六章　司法

は、行政機関がこれを行ふことはできない。

これを「超訳」します。

《**第七十八条**　裁判官は、裁判で「クビ」と言われない限りクビになることはない。ただし、国会議員による弾劾裁判でクビにされることはある。行政機関が裁判官に対して処分することはできない》

裁判官の身分が如何に保障されているかがよくわかる条文です。

裁判官が、簡単にはクビにされたり、懲戒処分を受けたりできない仕組みにして、司法の独立を保障しています。「心身の故障」つまり精神病などで仕事ができなくなるようなことさえなければ、クビにはなりません。

それだけの身分保障があれば、権力者に媚びることなく、安心して自分の良心にだけ従って判断を下すことができるだろうというわけです。そうであることを願います。

123

第七十九条　最高裁判所は、その長たる裁判官及び法律の定める員数のその他の裁判官でこれを構成し、その長たる裁判官以外の裁判官は、内閣でこれを任命する。

《第七十九条　最高裁判所は、長官とその他の裁判官で構成する。裁判官の人数は別の法律で定める。最高裁判所長官以外の裁判官は、内閣が任命する》

最高裁の人事

「別の法律」とは「裁判所法」のことです。最高裁判所のトップは最高裁判所長官であり、それ以外の裁判官は一四人と定めています。計一五人です。
判決を決める際には、裁判官で意見が異なり、多数決で結論を出すことがあります。そのために裁判官の総数は「奇数」が望ましいのです。
では、どんな人が選ばれるか。裁判所法によれば、「識見の高い、法律の素養のある年齢四十年以上の者の中からこれを任命」するのだそうです。
法律の素養のある人が選ばれるのですから、裁判官を長年務めた人や検察官、弁護士からよく選ばれています。それ以外にも、大学の法律学の教授や准教授が選ばれること

第六章　司法

もあります。

裁判所法にはこう書いてあっても、誰を選ぶかは、むずかしい問題です。そこで、分野ごとのバランスを取るのです。一九七〇年代以降では、おおむね裁判官出身六人、弁護士出身四人、検察官出身二人、行政官（官僚）出身二人、法学者出身一人という内訳です。

最高裁判所長官以外の裁判官は、内閣が任命すると書いてあります。それでは長官は誰が任命するのか。

これは、憲法第六条第二項に「天皇は、内閣の指名に基いて、最高裁判所の長たる裁判官を任命する」と定められています。

つまり最高裁判所長官は天皇が、他の裁判官は内閣が任命するのです。

以下は第七十九条の続きです。

②　最高裁判所の裁判官の任命は、その任命後初めて行はれる衆議院議員総選挙の際国民の審査に付し、その後十年を経過した後初めて行はれる衆議院議員総選挙の際更に審査に付し、その後も同様とする。

《②　最高裁判所の裁判官を任命したら、その後に行われる衆議院議員総選挙の際に、裁判官としてふさわしいかどうか国民審査にかける。そのときに認められても、その後も十年ごとに国民審査にかける》

③　前項の場合において、投票者の多数が裁判官の罷免を可とするときは、その裁判官は、罷免される。
④　審査に関する事項は、法律でこれを定める。

《③　国民審査の結果、「辞めさせるべきだ」という票が多数になった裁判官は辞めさせられる。
④　国民審査の方法は、別の法律で定める》

　国民審査の方法を定めているのは「最高裁判所裁判官国民審査法」なのですが、この国民審査の方法が問題です。審査を受ける裁判官の氏名の上に空欄があり、「裁判官と

第六章　司法

してふさわしくない」と考えたのですが、「ふさわしい」と考えた人には、何も書かないで投票するからです。

この方法ですと、積極的に「辞めさせよう」と考えていない限り、空欄に何も書かないで投票する人が多くなりますね。その結果、これまでに辞めさせられた裁判官は皆無なのです。

それでも「一票の格差の是正」を求める弁護士グループが「格差を認める判決を下した裁判官に×をつけよう」という運動を展開したところ、名指しされた裁判官が、他の裁判官より×の数が多いという結果が出ました。このところ、最高裁判所の裁判官が、一票の格差に厳しい判断を示すようになったこととと、関係があるのかも知れません。

続く条文と「超訳」はこうなります。

⑤ 最高裁判所の裁判官は、法律の定める年齢に達した時に退官する。
⑥ 最高裁判所の裁判官は、すべて定期に相当額の報酬を受ける。この報酬は、在任中、これを減額することができない。

《⑤　最高裁判所の裁判官は、法律で定めた年齢で定年退職する。
⑥　最高裁判所の裁判官は、定期的にそれなりの給料をもらえる。この金額は、途中で減らすことができない》

裁判官の待遇について

最高裁判所裁判官の定年は七十歳です。ちなみに、アメリカの連邦最高裁判所の判事に定年はありません。本人が申し出るまで、何歳まででも在任できるのです。こうなると、引き際が大切ですね。

最高裁判所の裁判官の「相当額の報酬」とはどのくらいなのか。どうも下世話な興味が湧きますね。

最高裁判所長官の給料は内閣総理大臣と同額で、二〇一二年四月から月額二〇五万円です。長官以外の裁判官は一四九万五〇〇〇円で、こちらは大臣や検事総長と同額です。

最高裁判所長官の給料が総理大臣と同額なのは、三権分立の原則からいって当然なのでしょうが、実は衆議院議長と参議院議長は、それより少し高いのです。憲法第四十一条で「国会は、国権の最高機関」と定められていますからね。

第六章　司法

裁判官の報酬は、在任中、減額できないと定められています。裁判官の身分を保障し、安心して職務に専念してもらうことが趣旨なのです。

裁判官というのは、なかなか辛い仕事です。居酒屋で飲んでいたら、偶然、意気投合した人物が、法廷に被告として出て来るかも知れませんから、うっかり友人を作れません。夜の街で羽目をはずすこともできないのです。せめて給料が高くないと、というわけです。

減給された裁判官

ところが、過去には減額されたことがあります。二〇〇二年、人事院が国家公務員の給与引き下げを政府に勧告したからです。デフレのために、民間企業の給料が下がったので、公務員もそれに合わせるべきだという判断でした。

裁判官も国家公務員。同じように引き下げるべきだとの意見が出たところで問題になったのが、憲法のこの条文。裁判官の給与引き下げは、憲法違反ではないか、というわけです。

これについて最高裁判所は裁判官会議を開き、「国家財政上の理由などで、やむを得

ず立法、行政の公務員も減額される場合、全裁判官に適用される報酬の減額は身分保障などの侵害に当たらず許される」と解釈する合憲説が圧倒的多数を占め、翌年、現憲法下で初めて、減額されたのです。

第八十条　下級裁判所の裁判官は、最高裁判所の指名した者の名簿によって、内閣でこれを任命する。その裁判官は、任期を十年とし、再任されることができる。但し、法律の定める年齢に達した時には退官する。

② 下級裁判所の裁判官は、すべて定期に相当額の報酬を受ける。この報酬は、在任中、これを減額することができない。

下級裁判所の裁判官を任命するのは内閣ですが、実質的に最高裁判所が人事権を持っています。

司法試験に受かり、司法研修所で研修を受けて裁判所に採用された場合、最初の十年は「判事補」という身分です。経験不足なので、単独で判決を下すことができません。十年の任期を終えて再任されると「判事」になり、単独で判決を下すことが可能になり

第六章　司法

ます。

第八十一条 最高裁判所は、一切の法律、命令、規則又は処分が憲法に適合するかしないかを決定する権限を有する終審裁判所である。

「終審裁判所」というのは、これより上はないよ、という意味です。地方裁判所の判決に不満があれば高等裁判所に控訴でき、高裁判決にも不満なら最高裁に上告できますが、そこでおしまい。憲法違反なのかどうかを決定する裁判所でもあります。

再び述べますが、最高裁判所には、裁判官五人で裁判する小法廷と、一五人全員で判決を下す大法廷があります。通常の裁判は小法廷ですが、重大な事件や、過去の憲法判断を見直す可能性があるような場合は、大法廷で審理されます。

裁判の公開と非公開

第八十二条 裁判の対審及び判決は、公開法廷でこれを行ふ。

② 裁判所が、裁判官の全員一致で、公の秩序又は善良の風俗を害する虞があると決し

131

た場合には、対審は、公開しないでこれを行ふことができる。但し、政治犯罪、出版に関する犯罪又はこの憲法第三章で保障する国民の権利が問題となつてゐる事件の対審は、常にこれを公開しなければならない。

民主主義の原則は公開であること。裁判も公開が原則です。
「対審」とは、検察と被告など対立する当事者が裁判官の面前でそれぞれの主張を述べることです。
未成年の女性が被害者になった性犯罪などの審理で、被害者を特定されないように非公開にすることはありますが、判決は公開されます。
国民の権利が問題となっている事件の審理は、必ず公開されます。国民に開かれた裁判にすることが、民主主義を支えるという理念がうかがえます。

第七章　財　政

第七章　財 政

税金をどう使うのか

ここからは憲法第七章の「財政」に入ります。

財政は、私たち国民から集めたお金をどう使うのか、という、とても大事な問題です。

憲法では、第八十三条から第九十一条までに記されています。

第八十三条　国の財政を処理する権限は、国会の議決に基いて、これを行使しなければならない。

これを「超訳」すると、次のようになります。

《第八十三条　国家のお金を使うのは行政（政府）だが、その使い方や使い道は、国会が決めなければならない》

　国家の財政は、国民から集めた税金が中心となっていますから、国民の意見に従って使わなければなりません。国民の代表は国会議員ですから、国会の議決にもとづいて、お金の使い道を決めることになっているのです。これを「財政民主主義」といいます。
　国会議員というのは、私たちが納めた税金の使い道を決める人のこと。こう考えると、選挙で投票する気になりませんか。私たちは、私たちの大切な税金を無駄遣いしない政治家を、選挙で選ばなければならないのです。そのための投票ともいえます。
　この「財政民主主義」の考え方にもとづき、第八十三条は、どんな税金を集めるのも、予算を執行するのも、国会の承認が必要であることをまずは包括的に示している条項です。

第八十四条　あらたに租税を課し、又は現行の租税を変更するには、法律又は法律の定

第七章　財政

める条件によることを必要とする。

租税とは税金のこと。この「超訳」は次の通りです。

《**第八十四条**　新しく税金をかけたり、または、いまある税金のかけ方を変更したりするには、法律や法律が定める条件にもとづくことが必要である》

「租税法律主義の原則」のカラクリ

税金は国会で議決された法律にもとづかなければならない。これを「租税法律主義の原則」といいます。

二〇一四年四月から消費税が五％から八％に引き上げられました。これも、二〇一二年八月に国会で成立した法律にもとづいています。この正式名称は長いですよ。次の通りです。

「社会保障の安定財源の確保等を図る税制の抜本的な改革を行うための消費税法の一部を改正する等の法律」

「等」という言葉が二度も出てきます。この法律が成立したとき、消費税の引き上げ分は社会保障のために使うと政府は説明しました。ところが、法律の名称には「社会保障の安定財源の確保等を図る」とあります。つまり、「社会保障の安定財源の確保」以外にも使えることが、こっそりと書き加えられているのです。「等」というのは、官僚にとって便利でパワフルな言葉。「等」があったら要注意なのです。

これまでの消費税の税率は、国が四％で地方が一％でしたが、二〇一四年四月から国が六・三％、地方が一・七％の計八％になりました。

今後は二〇一七年四月から、国が七・八％、地方が二・二％の計一〇％になります。

ただし、この法律の成立をめぐっては、「消費税を引き上げることで景気の腰を折ることにならないか」との不安もあったことから、附則に「景気条項」がつきました。これは、景気が悪くなったら、実施を見送ることもありうるとの条文がついていたのです。その附則の部分は、こうなっています。

「この法律の公布後、消費税率の引上げに当たっての経済状況の判断を行うとともに、経済財政状況の激変にも柔軟に対応する観点から、（中略）名目及び実質の経済成長率、物価動向等、種々の経済指標を確認し、（中略）経済状況等を総合的に勘案した上で、

第七章　財政

その施行の停止を含め所要の措置を講ずる」

相変わらずわかりにくい条文ですが、要するに、消費税を実際に引き上げる前に、経済状態を判断し、場合によっては引き上げを見送ることもある、というものです。

この条文にもとづき、安倍晋三首相は二〇一三年に、消費税を予定通り引き上げるかどうか、専門家の意見を聞いた上で、引き上げを決めました。憲法の条文の「法律の定める条件による」との言葉通り、法律の定めた条件で最終的な判断が下されたわけです。

国債という借金

では、次に行きましょう。憲法の条文と「超訳」を並べていきます。

第八十五条　国費を支出し、又は国が債務を負担するには、国会の議決に基くことを必要とする。

《第八十五条》　国のお金を支出したり、国が借金をしたりするには、国会の決議が必要

である》

国の借金とは国債ですね。国債も、政府が勝手に発行してはいけない。国会の承認が必要だ、というわけです。
ちなみに国家の財政について定めた「財政法」の第四条には、こう書いてあります。

第四条 国の歳出は、公債又は借入金以外の歳入を以て、その財源としなければならない。但し、公共事業費、出資金及び貸付金の財源については、国会の議決を経た金額の範囲内で、公債を発行し又は借入金をなすことができる。（後略）

この条文を読むと、そもそも「国は借金をしてはいけない」とはっきりと書いてあるのです。戦前の日本が、戦費を調達するために大量の国債を発行して借金を積み重ねた経験から、国債の発行を禁止したわけです。
しかし、政府にお金がないと、何もできません。そこで、公共事業費に関しては、国会の議決があれば国債を発行できることになっています。これが「建設国債」です。

第七章　財政

なぜ、「建設国債」は発行できるのでしょうか。これは、道路や橋など社会のインフラを整備するものですから、将来の日本国民のためにもなります。それなら借金のツケを回してもよいだろう、という考え方なのです。

でも、「赤字国債」は発行できません。「赤字国債」は、そのときの国民が出した借金のツケを子孫に回すことになってしまうからです。

とはいえ、国にお金がなくては背に腹は代えられません。このため現在では、その都度、「特例公債法案」を国会に提出し、議決を経て「赤字国債」を発行しています。

あくまで「特例」のはずが、毎年発行されているのですから、名前に偽りあり、です。「赤字国債の発行は財政法に違反する」という認識を国民は持っていてください。

国の借金は一〇〇〇兆円を超えました。財政法違反を敢えて犯しながら積み重ねてきた莫大な借金の山。とても持続可能とは言えません。どこかで歯止めをかけなければいけません。そのための消費税の増税のはずですが、その条文に「等」が入っていることなどが心配です。

第八十六条　内閣は、毎会計年度の予算を作成し、国会に提出して、その審議を受け議

139

決を経なければならない。

これは「超訳」するまでもありません。内閣は毎年、予算案を作成して国会の承認を得なければなりません。

ここに「毎会計年度の予算」と書いてあります。つまり予算は単年度主義。余ったお金を翌年度に持ち越すことができないので、年度末には予算を消化するための特別な仕事を増やしたり、公共事業が活発に行われたりします。そこで、予算の単年度主義は廃止して、複数年にわたって長期で実行できるようにしたらどうか、という議論が続いています。

この条文で、予算案は国会の審議を受けることが明記されています。これにもとづき、衆議院と参議院に予算委員会がつくられ、ここで予算案を審議します。

ところが、予算委員会では、政治家のスキャンダルなど種々雑多なテーマが審議されることが多いですね。それはどうしてなのか。

たとえば政治家の金銭スキャンダルが問題になった場合、審議の結果、再発防止策がまとまれば、新しい予算を伴うこともあるでしょう。そのためにも、審議するのは予算

第七章　財政

委員会、というわけなのです。

第八十七条　予見し難い予算の不足に充てるため、国会の議決に基いて予備費を設け、内閣の責任でこれを支出することができる。

② すべて予備費の支出については、内閣は、事後に国会の承諾を得なければならない。

予算案には国会の承認が必要ですが、予備費の支出には国会の議決は必要ありません。緊急に支出する必要があるからです。でも、国民の税金を使うわけですから、事後に国会の承認を得なければならないことになっています。

二〇一三年度の予備費は、約三五〇〇億円。このうち約二〇五億六〇〇〇万円が東京電力福島第一原子力発電所の汚染水対策として支出されました。汚染水を止めるための凍土遮水壁の構築や、放射性物質を除去する設備の配備などに使われています。

地震や津波、台風や大雪など、天変地異の激しい日本。被害が出るたびに、予備費の支出が決まります。この国土に住む以上、予備費の緊急支出は、しばしば必要になるのです。

皇室財産とは何か

さらに、財政についての条文を見てみます。

第八十八条 すべて皇室財産は、国に属する。すべて皇室の費用は、予算に計上して国会の議決を経なければならない。

皇室の財産は国のもの。皇室を維持するための費用は、国民の税金でまかなわれますから、予算は国会の議決が必要です。皇室に関する規定は、憲法第八条にもありました。ここで改めて見ておきましょう。

第八条 皇室に財産を譲り渡し、又は皇室が、財産を譲り受け、若しくは賜与することは、国会の議決に基かなければならない。

戦前の皇室は膨大な財産を保有していました。戦後は、皇室に財産が集中することの

第七章　財政

ないように、この規定が設けられました。また、特定の個人や家族、企業団体が皇室と経済的に結びつくことを防ぐために、国会がチェックするのです。

第八十八条が規定する皇室財産としては、たとえば皇居や赤坂御用地、京都御所、桂離宮、葉山の御用邸や那須の御用邸などがよく知られています。

これ以外にも、歴代の天皇の陵墓も皇室財産です。

ユニークなものとしては鴨場があります。埼玉県越谷市の埼玉鴨場、千葉県市川市の新浜鴨場で、鳥を傷つけない方法でカモ猟をしています。皇室関連の行事や日本に駐在する外交官を接遇（接待）するのに使われます。

戦後、それまでの皇室財産から普通の国有財産になったものもあります。たとえば新宿御苑です。

一方、「皇室の費用」とは、要するに皇室の生活費です。皇室の品位を保つために必要な費用も含まれています。

この憲法の規定にもとづいて、「皇室経済法」という法律で、皇室の費用の種類を定め、費用の具体額は、さらに「皇室経済法施行法」という別の法律が決めています。

143

内廷費と宮廷費

では、それはいくらなのか。みなさん知りたがりますね。そのような興味をもたれる読者のために、敢えて、ご説明申し上げます。

皇室経済法によれば、第三条で、「予算に計上する皇室の費用は、これを内廷費、宮廷費及び皇族費とする」と分けられています。

それでは、内廷費とは、どんなものか。これは第四条です。「内廷費は、天皇並びに皇后、太皇太后、皇太后、皇太子、皇太子妃、皇太孫、皇太孫妃及び内廷にあるその他の皇族の日常の費用その他内廷諸費に充てるもの」。その金額は皇室経済法施行法第七条で三億二四〇〇万円と定められています。

内廷費は「御手元金」として、宮内庁が管轄する公金とはしないことが定められています。日常の生活費としてお使いください、というわけです。当然のことながら、所得税などの税金はかかりません。

一方、宮廷費は、皇室の儀式や国賓の接遇、皇族が各地を訪問されたりするときの費用、皇居などの整備に必要な経費などで、総額は二〇一四年度の場合、五五億六三〇四万円です。

第七章　財政

また皇族費は、第六条に定められ、「皇族としての品位保持の資に充てるために、年額により毎年支出するもの」です。その定額は、独立して生計を営む親王には三〇五〇万円です。これは高いか、安いか、妥当な金額なのか、いかがでしょうか。

内親王やまだ独立していない皇族には、それより減額された金額が支払われ、皇族費の総額は二〇一四年度、二億六二八一万円です。

これ以外に、皇族を離れる人に払う一時金も皇族費です。たとえば、天皇家の清子内親王が結婚して黒田清子さんとなり、皇族の身分を離れたときには一時金が支払われています。

この一時金は、その時点での定額の十倍の額です。

物価の変動で、皇族費の額を変更しなければならない事態も生じることでしょう。消費税が上がれば、その分だけ増額になるかも知れません。その場合は、皇室経済会議で決定します。皇室経済会議のメンバーは八人。衆参両院の議長と副議長、総理大臣、財務大臣、宮内庁長官、会計検査院長です。

以上の金額のほかに、宮内庁という役所の経費をまかなう宮内庁費があります。こちらは二〇一四年度、一〇六億八九九七万円です。

145

ついつい、皇室のお財布を覗くような話になってしまいましたね。

では、次に参りましょう。

宗教団体への援助禁止

第八十九条　公金その他の公の財産は、宗教上の組織若しくは団体の使用、便益若しくは維持のため、又は公の支配に属しない慈善、教育若しくは博愛の事業に対し、これを支出し、又はその利用に供してはならない。

だいぶわかりにくい表現ですね。ここは「超訳」してみましょう。

《第八十九条　国民の税金は宗教団体に対して支出してはならない。国有財産を宗教団体に使わせてはならない。国が管理できない教育や慈善行為に対して税金を支出したり、国有財産を利用させたりしてはならない》

この条文で、税金を宗教団体の援助に使ってはいけないというのは理解できますね。

第七章　財政

政教分離です。ここでしばしば問題になるのは、「公の支配に属しない慈善、教育」という部分です。独自の教育をする私立学校に助成金を出す私学助成は憲法違反ではないのか、という問題です。まして、宗教団体が設立した私学に助成金を支出することは、二重に違反するのではないか、という指摘があるのです。憲法第九条をめぐる違憲論争はどうですか、こちらは隠れた憲法違反論争もあるのです。

これについて、文部省（現在の文部科学省）の担当の局長は、一九六九年、参議院文教委員会で、私立学校の設置や廃止、教職員の資格、教育内容などについて公の規制があること、私立学校の設置主体である学校法人についても規制があるので、「公の支配」に属している、と説明しています。だから私学助成は憲法違反ではない、という理屈です。それでも、日本にある外国人の子弟のための学校に国が助成金を出すことは憲法違反になるとの考え方もあります。典型的な例が朝鮮学校です。朝鮮学校に対する国の私学助成は行われていませんが、高校授業料の無償化の対象を朝鮮学校まで拡大することは、憲法違反だという主張もあります。「公の支配」に属していないからです。

では、次の条文です。

内部告発の勧め

第九十条 国の収入支出の決算は、すべて毎年会計検査院がこれを検査し、内閣は、次の年度に、その検査報告とともに、これを国会に提出しなければならない。

② 会計検査院の組織及び権限は、法律でこれを定める。

国民の税金を使う以上、国の支出がきちんと行われているかどうかを、厳格にチェックする組織が必要です。それが会計検査院です。他の政府機関から独立しています。官公庁の決算を検査するのは当然ですが、それ以外にも、国が補助金などで財政援助をしている独立行政法人などに対しても検査を実施します。毎年、信じられないような税金の無駄遣いが発覚します。

検査結果は報告書としてまとめ、発表します。

無駄遣いは、会計検査院から指摘されて恥をかいたり、責任をとらされたりするかも知れない。この緊張感が、無駄遣いを減らす原動力になります。

会計検査院は、意思決定を行う検査官会議と、検査を実施する事務総局に分かれてい

第七章　財政

ます。

　検査官会議は、三人の検査官によって構成されています。検査官という名称だと、現場の捜査員のようですが、そうではありません。国会の衆参両議院の同意を経て、内閣が任命し、天皇が認証することになっています。その任期は七年。検査の独立性を確保するため、在任中その身分が保障されています。とっても偉いのですね。
　三人のうちから一人が院長になり、内閣から任命されます。
　現場で検査を実施するのが事務総局です。職員数一二五四人です。
　会計検査院のウェブサイトを見ると、「情報提供」を呼びかけています。このような文章です。

「会計検査に関する情報を受け付けております。
　会計検査院の検査対象である国や国が資本金を出資している法人、国から補助金を受けている都道府県・市町村・その他の団体などの事務・事業や会計経理について、不適切、不経済、非効率、効果不十分などと思われる事態がございましたら、情報をお寄せください。会計検査の参考とさせていただきます」
　要するに「内部告発」の勧めですね。寄せられた情報から不適切な税金の使い道が明

らかになることもあるのでしょうか。

第九十一条 内閣は、国会及び国民に対し、定期に、少くとも毎年一回、国の財政状況について報告しなければならない。

当然のことですね。衆議院には「決算行政監視委員会」、参議院には「決算委員会」が設置されて、決算の内容をチェックしていますが、予算委員会ほどの注目を浴びることはありません。
決算だって、大事なことだと思うのですが。

第八章　地方自治

第八章　地方自治

憲法に四か条だけ

日本国憲法も終盤に差しかかりました。ここでは第八章「地方自治」を見てみましょう。

日本はとかく「中央集権国家」と言われることがあります。明治以来、日本は強大な中央集権国家を目指してきたからです。戦後になって、ようやく地方自治の大切さが語られるようになりましたが、憲法で地方自治を規定しているのは、四か条に過ぎません。

第九十二条　地方公共団体の組織及び運営に関する事項は、地方自治の本旨に基いて、法律でこれを定める。

いきなり「地方公共団体」という用語が登場します。これは都道府県や市町村のこと。いま私は、都道府県や市町村という言葉を使いましたが、憲法には、こうした用語が出てきません。

つまり都道府県も市町村も、憲法に規定された言葉ではないのです。この言葉は、「地方自治法」という法律で規定されています。

ということは、憲法を改正しないでも、地方自治法を改正すれば、都道府県や市町村という自治体の名称を変更したり、役割を規定したりできるということを意味しています。その地方自治という法律は、「地方自治の本旨」にもとづいて定めることになっています。では、「地方自治の本旨」とは何でしょうか。

実に漠然とした言い方ですが、簡単に言えば、地方自治体が、住民の判断にもとづき、独立して意思決定すること、という意味です。

憲法では国と地方自治体との役割分担について規定していません。これも地方自治体に委ねられています。地方自治法第一条に書いてありますが、あまりにややこしい書き方なので、整理すると、次のようになります。

152

第八章　地方自治

〔国の仕事〕
1　国際社会で国家としての存立にかかわる事務
2　全国的に統一して定めることが望ましい国民の活動
3　地方自治に関する基本的なルールに関する事務
4　全国的な規模や全国的な視点に立って行わなければならない仕事
5　その他の国が果たすべき役割

国と地方の役割分担

外交や防衛、通貨の発行、教育水準の維持などは国家の役割。地方自治に関する事務も国家の仕事。「その他の国が果たすべき役割」と規定することで、国の役割を際限なく拡張できる道を残しています。

その一方、「住民に身近な行政はできる限り地方公共団体にゆだねることを基本として」「地方公共団体の自主性及び自立性が十分に発揮されるようにしなければならない」と記述してあります。なんだか上から目線な感じがします。全体として、大事なことは国家の仕事、身近な問題は地方自治、という役割分担になっています。

153

これがたとえばアメリカですと、各州が絶大な力を持ち、憲法や連邦法で「国の仕事」と規定されたもの以外は州の仕事となっています。

日本では、地方自治が十分に保障されていないのではないか。この問題意識から提起されているのが「道州制」の実施です。これは、都道府県を廃止して日本全国を十程度の道や州に分け、国から権限を委譲する、という構想です。日本を連邦制国家にしようということですね。

ただ、道州制だと、政府の仕事や国会議員の権限が激減しますから、実現には抵抗が大きいのも事実です。

第九十三条　地方公共団体には、法律の定めるところにより、その議事機関として議会を設置する。

②　地方公共団体の長、その議会の議員及び法律の定めるその他の吏員は、その地方公共団体の住民が、直接これを選挙する。

この条文は、国と地方の政治のしくみが異なることを規定しています。私たちは国会

第八章　地方自治

議員を選挙で選べますが、総理大臣は直接選べず、国会議員が選びます。この仕組みを「議院内閣制」といいますね。総理大臣は国会(衆議院)の多数派の党から選ばれますから、内閣が提案した法案などが成立しやすいのです。

これに対して、都道府県知事や市町村長は住民の直接選挙で選ばれます。それぞれの議会議員も住民の直接選挙で選ばれます。つまり住民の代表が二通り生まれるのです。これを「二元代表制」といいます。

戦前の日本は、都道府県知事は政府の内務大臣が指名して天皇が任命する「官選知事」でした。それが、アメリカのような直接選挙の仕組みに変わったのです。このあたりは、いまの憲法の草案がGHQ(連合国軍総司令部)によって作られたことをうかがわせます。国の制度はイギリス風の議院内閣制、地方制度はアメリカ風なのです。

しかし、それぞれが住民の代表ですから、双方が対立すると収拾がつかなくなる恐れがあります。そこで、議会が首長の不信任決議をできること、首長が議会を解散できることになっています。二〇〇二年には、長野県の田中康夫知事(当時)と長野県議会が対立し、県知事不信任が議決され、知事は失職の道を選び、知事選挙で再選されたことがあります。

155

憲法では、首長や議会議員の選挙権を持つのは「地方公共団体の住民」と記述されているので、外国人が選挙権を持ってもいいのではないか、という「外国人参政権」を求める声もありますが、地方自治法では、この「住民」は「日本国民」とされています。

第九十四条　地方公共団体は、その財産を管理し、事務を処理し、及び行政を執行する権能を有し、法律の範囲内で条例を制定することができる。

「路上禁煙」や「朝ごはん」も条例に
地方自治体は、地方行政を担当すると共に、その地域限定の立法機能も持っています。
それが「条例」です。その地域だけで有効な法律のようなものですね。
たとえば、各地の地方自治体が定めている「路上禁煙条例」などがその例です。違反には罰則を定めることが可能です。
ユニークな条例としては、兵庫県小野市が二〇一三年四月から実施した「市福祉給付制度適正化条例」があります。これは、生活保護費や児童扶養手当を給付された人がパチンコ、競輪、競馬などのギャンブルで浪費することを禁止し、市民に情報提供を求め

第八章　地方自治

るもの。条例では不正受給や常習的な浪費を見つけた住民は、「速やかに市にその情報を提供するものとする」となっています。ただ、この条例に関しては、「監視社会を招く」といった批判もありました。

青森県鶴田町には「朝ごはん条例」というものがあります。町民一人一人が「ごはん」を中心とした食生活ができる環境づくりなどを求めています。このあたりになると、「頑張ります宣言」に近くなりますね。

第九十五条　一の地方公共団体のみに適用される特別法は、法律の定めるところにより、その地方公共団体の住民の投票においてその過半数の同意を得なければ、国会は、これを制定することができない。

国会が定める法律の中には、特定の都道府県や市町村だけに適用されるものがあるかもしれません。そういう場合は、該当する自治体で住民投票を実施し、過半数の賛成がなければ制定できないことが記されています。地元住民の意思を無視して国会議員だけで決めてしまっては、地方自治の本旨にもとるからです。

157

最近では、こうした住民投票はありませんが、一九四九年から五一年にかけて計十五件ありました。たとえば「広島平和記念都市建設法」です。

これは、原爆で廃墟となった広島市を復興させるため、国有財産の譲与を認めるなど国や地方自治体が事業の促進のために努力しなければならないことを定めた特別法です。一九四九年に憲法第九十五条にもとづく初めての住民投票で制定が認められました。

また、「旧軍港市転換法」という法律もあります。

これは、戦前に軍港を持っていた四つの市（横須賀市、呉市、佐世保市、舞鶴市）を対象にして、「平和産業港湾都市」に転換するため、国有財産である軍用施設を安く払い下げることを可能にする法律です。

四つの都市でそれぞれ住民投票が実施され、いずれも過半数の賛成を得て法律が成立しました。

これらは戦後復興のために特別に制定された法律ですね。

では、大阪市の橋下徹市長が提唱する「大阪都構想」はどうなるのか。

これは大阪府と大阪市などを合体させ、二重行政の無駄を省こうという構想です。特定の自治体に適用されることなので、憲法第九十五条にもとづいた住民投票が必要なの

第八章　地方自治

か、と思うかもしれませんが、そうではありません。二〇一二年に国会で「大都市地域における特別区の設置に関する法律」が可決・成立しています。

これは、「総務大臣は、道府県の区域内において、特別区の設置を行うことができる」と定めたもので、これまで特別区設置を東京都に限定していたのを拡大するもの。いわば一般法にしたので、特別法のような住民投票は必要ありません。ということは、大阪に限定せず、たとえば愛知県でも神奈川県でも適用できる、というわけです。

橋下徹氏の言動ばかりが注目を浴びますが、彼が提起しているのは地方自治のあり方です。

ふだんから地方自治を考えることこそが「地方自治の本旨」なのでしょう。

第九章　改正

改憲の手続きとは

　憲法第九章は、第九十六条というひとつの条文だけで構成されています。
　二〇一三年五月五日、東京ドームで、長嶋茂雄氏と松井秀喜氏の二人に国民栄誉賞が授与されました。このとき、始球式の余興があり、巨人のユニフォームを着て登場した安倍晋三首相の背番号は、九十六でした。
　この数字について、安倍首相は、「私は九十六代の総理大臣ですから」と説明しました。
　しかし、多くの人は、「憲法第九十六条」を思い浮かべたのではないでしょうか。
　この頃、安倍首相は憲法第九十六条の改正をしきりに訴えていたからです。
　そもそも安倍首相は、憲法第九条を変えて、自衛隊を軍隊にすることに情熱を燃やし

ていたはずですが、これは簡単なことではありません。そこで首相になると、憲法改正手続きを定めた憲法第九十六条の変更に熱心になりました。

ところが、この手法には憲法改正論者からも批判が出て、形勢不利と見るや、集団的自衛権の解釈変更に走りました。これでは「解釈改憲」ではないかとの批判もあります。要するにアメリカと一緒に戦争できるようにすることで、抑止力を高めたい。そのための最短ルートを探している、というわけです。抑止力が高まるのか、戦争に巻き込まれる恐れが高まるのか。議論は分かれます。

安倍首相があまり言わなくなったことで、ニュースに取り上げられることが少なくなった憲法第九十六条ですが、憲法を改正する場合は、どのような手続きを踏むべきか、という点で重要な問題が提起されたと言えるでしょう。そこでこの章では、改正手続きを定めた第九章の第九十六条に絞って考えます。条文は、次のようになっています。

第九十六条　この憲法の改正は、各議院の総議員の三分の二以上の賛成で、国会が、これを発議し、国民に提案してその承認を経なければならない。この承認には、特別の国民投票又は国会の定める選挙の際行はれる投票において、その過半数の賛成を必要とす

② 憲法改正について前項の承認を経たときは、天皇は、国民の名で、この憲法と一体を成すものとして、直ちにこれを公布する。

硬性憲法と軟性憲法

通常の法律は、衆議院と参議院のそれぞれで過半数の賛成があれば成立します。しかし憲法は、法律より上に位置するもの。簡単に変えるべきではないとの考え方から、改正には、衆議院と参議院のそれぞれで三分の二の賛成があった上で、国民投票をして、過半数の賛成が必要とされています。

このように法律のようには簡単に変えられない仕組みの憲法を「硬性憲法」といいます。憲法には安定が求められる。しかし、時代に合わせて変える必要が出てくるかも知れない。そこで、変えることはできるが、容易には変えられないものにしておこう。こういう考え方です。

これに対して、容易に改正できるものは「軟性憲法」と呼ばれます。世界の多くの国が硬性憲法なのですが、その厳しさには濃淡があり、国民投票を経ないで改正ができる

国もあります。

この第九十六条について、安倍首相は「各議院の総議員の二分の一以上の賛成で」というい部分を、「過半数の賛成で」と改正すべきだと主張しました。国民の五割を超える人が憲法を変えるべきだと考えていても、国会議員の三分の一を少し上回るだけの人が反対したら憲法は改正されない。これでは国民の意思を尊重していないではないか。これが安倍首相の主張です。

また、自民党が二〇一二年に発表した「憲法改正草案」の第一〇〇条でも次のように書かれています。

〈この憲法の改正は、衆議院又は参議院の議員の発議により、両議院のそれぞれの総議員の過半数の賛成で国会が議決し、国民に提案してその承認を得なければならない。この承認には、法律の定めるところにより行われる国民の投票において有効投票の過半数の賛成を必要とする〉

前述しましたが、これに対して、憲法改正論者で当時、慶應義塾大学の教授だった小林節氏は、「憲法を改正したければ、正々堂々と正面から改正を訴えるべきであり、改正手続きを容易にしようというのは裏口入学のようなものだ」と痛烈に批判しました。

第九章　改正

　安倍首相には、同じ改憲論者からの批判が堪えたようで、これ以降、九十六条改正を訴えるトーンが低くなりました。

　日本国憲法は、成立以来、一度も改正されていません。それだけ日本の憲法は硬性憲法の度合いが高いという声もあります。たとえばドイツは憲法という名称ではなく「基本法」ですが、一九四九年の制定以来二〇一三年までに五十九回もの改正が実施されています。

　ドイツは、連邦議会と連邦参議院のそれぞれの三分の二の賛成があれば国民投票の実施は必要ありません。硬性憲法ではあるけれど、改正のための条件が日本ほど厳しくなく、改正が何度も実施できたという指摘もあります。

　しかし、ドイツの基本法は、人権や国民主権など根幹部分に関して、そもそも改正が禁止されています。これまでの改正の多くは、東西ドイツの統一やEUへの参加に伴うものなどで、単純に日本と比較することはできません（辻村みよ子『比較のなかの改憲論』より）。

　改憲の回数を他国と比較しても意味がないのですね。

国民投票の方法

憲法第九十六条をめぐってのもう一つの課題は、条文の中にある「この承認には、特別の国民投票又は国会の定める選挙の際行はれる投票において、その過半数の賛成を必要とする」という部分。つまり「国民投票」です。この国民投票をどのように実施するかを定めた法律は、長らく存在しませんでした。戦後のいわゆる五五年体制が続く中で、国民投票法を制定しようとすると、「憲法を改正しようとするのだろう」と野党が反発して収拾がつかなくなることを恐れた自民党が、提案を見送ってきたからです。

しかし五五年体制が崩壊し、憲法改正を国会で取り上げること自体は大騒動を巻き起こさないようになり、二〇〇七年、第一次安倍内閣のときに国民投票法が成立し、二〇一〇年から施行されました。「憲法改正国民投票法」です。

この法律により、憲法を改正する原案については、衆議院は一〇〇人以上、参議院は五〇人以上の議員の賛成で国会に提案できることになりました。

国会で議決され、国民投票を実施することになった場合には、六十日以上百八十日以内の期間を置くことになりました。

改正条項がいくつもあった場合は、どうするのか。その場合には、改正案ごとに一人一

第九章　改正

票の投票を行います。

投票用紙には、あらかじめ縦書きで「賛成」と「反対」の文字が印刷され、いずれかに〇(マル)をつける方法で実施されます。

投票の結果は、無効票を除いた投票総数の過半数の賛成で成立します。

法案審議の過程では、「最低投票率制度」を設けるべきではないかという議論もありました。投票率が低いと、一部の国民の意見だけで決まってしまうという懸念です。その一方、反対派が投票ボイコット運動をすることで廃案に追い込むことも可能になり、適当でないという反論もありました。こうした経緯をふまえ、審議の結果、最低投票率制度は設けないことになりました。

投票は十八歳から

また、憲法改正について、賛成、反対の双方の意見をテレビやラジオで放送（政見放送のイメージですかね）することになります。さらに賛成派や反対派によるテレビやラジオのコマーシャル放送も可能ですが、コマーシャルの方は、投票の二週間前から禁止されることになりました。

この法律で画期的だったのは、投票できる年齢を十八歳からとしたことです。選挙で投票できる年齢は「公職選挙法」で二十歳からと定められていますが、国民投票は十八歳からとしました。ただし、公職選挙法も十八歳に引き下げられるまでは、国民投票法での投票も二十歳以上となっていました。

この点について、二〇一四年六月、「改正国民投票法」が国会で成立しました。この改正では、選挙での年齢とは切り離し、国民投票のみ十八歳で投票できることにしています（施行後四年間は二十歳以上）。ただし、今後、公職選挙法を改正して、一般の選挙でも十八歳から投票できるようにする方針です。

世界を見渡すと、ほとんどの先進国が、十八歳から選挙権を持ちます。二十歳でやっと有権者になるというのは、極めて珍しいのです。世界の国々の若者たちは、高校生から投票できますから、政治に関心を持ちやすいはずです。

スイスからやってきたタレントの春香クリスティーンさんは、日本の高校に編入して、日本の高校生が政治の話をまったくしないことに驚き、理由を探っていくうちに、「政治オタクのタレント」として有名になりました。

これからは、高校生でも投票できる。日本の若者たちの政治意識が、少しは変わるで

第九章　改　正

しょうか。
　また、この改正では、警察官や裁判官、選挙管理委員会の職員などを除いた公務員が、憲法改正について賛成や反対などの「勧誘運動」をすることを禁じる規定を削除しました。
　選挙運動では、公務員の政治活動が禁じられていますが、憲法改正をめぐっては、自由な活動が認められるのです。
　この改正の成立後も、"宿題"は残ります。それは、この国民投票を、憲法改正以外のテーマでも実施したらどうか、ということです。
　これについては、与野党とも検討することに前向きです。いずれは国民投票が頻繁に実施されるようになるかも知れません。

第十章　最高法規

日本国憲法の「超訳」も第十章まで来ました。この後に続く第十一章は、憲法の施行に当たっての補則ですので、実質的には、憲法第十章の「最高法規」が締めになります。
憲法が、さまざまな法律や命令、規則などの頂点に立つ存在であることを、最後に確認しています。

基本的人権再び

第九十七条　この憲法が日本国民に保障する基本的人権は、人類の多年にわたる自由獲得の努力の成果であつて、これらの権利は、過去幾多の試錬に堪へ、現在及び将来の国民に対し、侵すことのできない永久の権利として信託されたものである。

では、これを「超訳」しましょう。

《第九十七条　日本国憲法は、日本国民に基本的人権を保障している。基本的人権とは、人類が長年にわたって努力してきた結果、獲得したものである。これは、人間が生まれながらにして持っている人としての権利である。基本的人権は、過去に何度も踏みにじられたりしてきたが、ようやく権利として確立した。この権利は、現在の国民ばかりでなく、将来の国民に対しても、守られなければならない永久の権利である》

ここで出てくる基本的人権は、実は第十一条でも登場していました。その十一条を再掲します。

第十一条　国民は、すべての基本的人権の享有を妨げられない。この憲法が国民に保障する基本的人権は、侵すことのできない永久の権利として、現在及び将来の国民に与へられる。

第十章　最高法規

前に取り上げているのに、再び登場させる。憲法を起草した人たちの基本的人権への強い思いがうかがえます。

ちなみに自民党の憲法改正草案では、第九十七条の条文が丸ごと削除されています。基本的人権を軽視しているというわけではなく、既に登場しているので重複するという判断です。

現在の憲法で認められている基本的人権は、人が生まれながらに持っている。つまり国家によって付与されているものではありません。人々が、自分たちの権利を守るために国家を作り、国家に自分たちの権利を守らせているのです。

政府が国民の権利を侵害するようなことがあれば、国民は権利を守るために政府を倒す権利がある。これが、近代的人権概念を打ち立てたジョン・ロックの思想です。基本的人権の大切さを強調する憲法の条文の背景には、こうした思想が存在するのです。

第九十八条　この憲法は、国の最高法規であつて、その条規に反する法律、命令、詔勅及び国務に関するその他の行為の全部又は一部は、その効力を有しない。

② 日本国が締結した条約及び確立された国際法規は、これを誠実に遵守することを必要とする。

「尊属殺法定刑違憲事件」とは

憲法は、あらゆる法規の上に存在する。

憲法に反する法律は、たとえ成立しても、無効なのです。

たとえば有名な例としては、「尊属殺法定刑違憲事件」があります。

過去に刑法第二〇〇条に「尊属殺人」という規定がありました。

「自己又は配偶者の直系尊属を殺したる者は死刑又は無期懲役に処す」というものです。刑法第一九九条には「殺人罪」の規定がありますが、直系尊属とは父母や祖父母のこと。

それとは別に、「親殺し」に関しては、特別な犯罪として厳罰が下されることになっていたのです。

しかし、一九七三年、最高裁判所は、第二〇〇条の規定は憲法第十四条が定めた「法の下の平等」に反して違憲であるという判決を下し、その後、第二〇〇条は法改正で削除されました。

第十章　最高法規

憲法に反する法律は無効であることを明らかにしたのです。

裁判所のこういう力のことを「違憲立法審査権」と言うと、学校で習ったはずですね。

ちなみに、この最高裁判決は、「親殺し」に対して、一般の殺人より重罰を科すこと自体を否定したものではありません。被告の女性は、中学二年生のときから継続して実父によって強姦され、子どもまで産まされるという仕打ちを受けていました。

それでも好きな男性ができ、思い余って父親を殺害。警察に自首したという事件です。情状酌量の余地がある事件なのに、死刑か無期懲役しか選択肢がない。これでは罪が重すぎる。これが、最高裁が違憲だと判断した理由です。「親殺し」に一般の殺人より重い罪を科すことは是認しつつも、こんな場合にまで重罰を科すしかない法律はいけない、と判断したのです。

この判断にもとづき、被告の女性には執行猶予がつき、刑務所入りは免れました。

最近の違憲判決としては、二〇一三年九月の「婚外子相続格差違憲判決」があります。民法で、結婚していない男女の間に生まれた非嫡出子（婚外子）の遺産相続は、嫡出子の半分と定められていましたが、これを「法の下の平等」を定めた憲法に違反すると

175

判断。審理を高等裁判所に差し戻しました。

判決理由で最高裁は、「子にとって選択の余地がない事柄を理由に不利益を及ぼすことは許されず、子を個人として尊重し、権利を保障すべきだという考えが確立されてきている」と述べています。

「考えが確立されてきている」。つまり、以前の国民感情なら、この規定にあまり違和感はなかったが、最近の事情を考えると、「これでは可哀想だ」と考える人が増えてきたからだ、というわけです。

この趣旨から、過去に決着した事柄に関してまで影響を及ぼすことはないと言及しています。以前は無理もない規定だったから見直さない、というわけです。

以上の二つを見ると、最高裁が機械的に違憲判決を出しているわけではなく、その時々の国民感情に配慮しながら判断していることがわかります。

さて、ある法律が憲法に違反しているかどうか。

こうした憲法判断は、今後も最高裁に求められることになります。というのも、安倍晋三内閣が、二〇一四年七月、憲法第九条の解釈を変更し、「集団的自衛権」を容認す

第十章　最高法規

る閣議決定をしたからです。

今後、安倍政権は、この解釈変更にもとづいて新たな法案が国会で成立し、法律になった場合、「憲法違反だ」という訴えが続出することが予想されるからです。

ところで、この第九十八条では、第二項で、日本が外国と結んだ条約は「誠実に遵守」つまり誠実にしっかり守らなければならないと規定しています。

そうなると、出て来る疑問は「憲法と国際条約とが衝突するような場合はどちらが優先するのか」というものでしょう。

たとえば、日米安全保障条約は憲法九条の平和主義に反する、という訴えが出たらどうするのか、ということです。

過去には、この問題が最高裁にまで持ち込まれたことがあります。このとき最高裁は、「日米安全保障条約のように高度な政治性をもつ条約については、一見してきわめて明白に違憲無効と認められない限り、その内容について違憲かどうかの法的判断を下すことはできない」と言って、判断しませんでした。

政府としては、憲法に違反するような国際条約は結ばないと主張するのでしょうが、

177

内閣の判断で解釈が変わることがあるわけですから、「憲法に違反しない条約である」と時の政府が主張しても、最高裁は別の判断をする可能性があるのです。

憲法尊重・擁護の義務がない

第九十九条 天皇又は摂政及び国務大臣、国会議員、裁判官その他の公務員は、この憲法を尊重し擁護する義務を負ふ。

「摂政」とは、日本史で勉強したはずですが、現在は、皇室典範で、「天皇が成年に達しないとき」や国事行為を行えないような状態になったときに置くことができるとなっています。

天皇にも憲法を尊重し擁護する義務があるのです。一九九〇年、いまの天皇の即位の礼が行われた際、天皇陛下は「日本国憲法を遵守し、日本国及び日本国民統合の象徴としてのつとめを果たすことを誓う」と述べられています。

ここで気づくことは、国民には憲法を尊重・擁護する義務が書かれていないことです。

これが立憲主義の考え方なのです。

第十章 最高法規

憲法とは、国民が権力者に対して、国民の権利を守るように命令するものだからです。この点に関して、自民党の憲法改正草案では、「全て国民は、この憲法を尊重しなければならない」となっています。

これには、国民にまで義務を課すのは立憲主義の趣旨を理解していないという批判があります。

この条文をめぐっては、国務大臣や国会議員に「憲法を尊重し擁護する義務」があるのに、国会議員が「憲法改正」を主張してもいいのか、という議論があります。

これは、国務大臣や国会議員は、現在の憲法に反する法律を意図的に作ったり、憲法違反の行政を行ったりしないように努める義務があるということですが、その一方で、個人としては言論の自由があるわけですから、憲法改正を主張できるのです。

しかし、憲法改正論者であっても、職務においては現行憲法を守る義務がある、ということなのです。

第十一章　補則

「補則」に潜む意味

　日本国憲法も、いよいよ最終盤。憲法第十一章は「補則」です。補則は、この憲法が公布されてから施行するまでの経過措置を定めたものですから、実際に施行された後の現在では意味を持たない条文です。
　とはいえ、この補則から読み取れることもあります。
　日本国憲法は、その前の大日本帝国憲法（いわゆる明治憲法）の改正として定められました。大日本帝国憲法でも第七章に補則があり、ここで憲法改正手続きが定められています。
　この部分は古めかしい表現なので、現代語に「超訳」しましょう。

《第七十三条　将来この憲法の条項を改正する必要があるときは、勅命（天皇の命令）によって議案を帝国議会にかけなければならない。

② その場合、両議院（衆議院と貴族院）は、それぞれ全体の三分の二以上の議員が出席しなければ議事を行えない。その上で、出席議員の三分の二以上の賛成がなければ改正を議決できない（三分の二以上の賛成があれば改正を議決できる）》

この規定にもとづき、憲法改正案は、一九四六年六月二十日に第九十回帝国議会に提出されました。

帝国議会では、六月二十五日から八月二十四日まで衆議院で、八月二十六日から十月六日まで貴族院でそれぞれ審議・可決されました。貴族院で一部修正・追加があったので、衆議院に再び回され、十月七日、衆議院で再度可決されました。

当時は、帝国議会のほかに枢密院という組織が大日本帝国憲法で定められていました。これは、天皇の諮詢（しじゅん）（諮問）にもとづき、重要な国務を審議することになっていましたから、憲法改正案は枢密院にもかけられました。

第十一章 補則

ちなみに枢密院は皇居の中にありました。

枢密院は、帝国議会の前に審議を始め、六月八日に可決しています。その後、貴族院で修正が加えられたため、衆議院で再可決後、枢密院が再度審議し、十月二十九日、帝国議会で可決された案を承認しました。

日本国憲法は、アメリカが草案を作ったものであり、「押しつけ憲法」という批判もありますが、手続きとしては、まったく新しい憲法ではなく、大日本帝国憲法を改正したものなのです。

では、日本国憲法の補則を見ていきましょう。

第一〇〇条 この憲法は、公布の日から起算して六箇月を経過した日から、これを施行する。

② この憲法を施行するために必要な法律の制定、参議院議員の選挙及び国会召集の手続並びにこの憲法を施行するために必要な準備手続は、前項の期日よりも前に、これを行ふことができる。

183

「公布」をどう決めたか

「公布」とは、成立した法令を国民に知らせること。

憲法については、「官報」に掲載されることで国民に知らせたことになります。官報とは日本国政府の機関紙です。官庁の休日を除いて毎日発行され、全国の「官報販売所」で、一部一三〇円（本体価格）で販売されています。いまはインターネットのウェブサイトでも読むことが可能です。

一部の人以外は、官報を見ることもないでしょうが、手続きとしては、これで国民に知らせたことになります。まあ、憲法の公布なら、各マスコミが大きく取り上げ、国民が知ることになりますが。

ちなみに、大日本帝国憲法の場合は、公布と言わずに発布と言いました。「ケンポウハップ」と聞いた当時の国民の中には、「政府が絹布の法被を下さるそうだ」と喜んだ人たちがいたというエピソードがあります。当時は、憲法といっても、ピンと来なかった人が多かったのですね。

閑話休題。公布しても、国民に浸透するには時間がかかります。一九四六年十一月三日に公布され、翌一九四七年五月三日に施行さ期間を置きました。そこで六か月の猶予

第十一章　補則

れました。これを記念して、十一月三日は「文化の日」、五月三日は「憲法記念日」になっていますね。

ただし、公布された十一月三日は、敗戦から二年後の一九四七年までは「明治節」つまり明治天皇の誕生日として祝日でした。明治憲法を改正した憲法が、明治天皇の誕生日に公布されたのです。

日本を占領したGHQ（連合国軍総司令部）は日本から軍国主義や天皇制に関係するものを排除する方針を打ち出し、明治節も廃止される予定でした。当時の日本政府の中に、「明治節」を戦後も何らかの形で残すため、憲法公布の日に選んだ人物がいたであろうことが、うかがえます。

公布日を決めたのは一九四六年十月二十九日の閣議です。この日が明治節に当たることからGHQの反応を危惧する声もありましたが、事前にGHQに打診したところ、特段の異議がなかったので、予定通りに決定しました。

しかし、GHQ内部では、明治節だった日に公布するのはふさわしくないので非公式に助言すべきだという声があったそうです。

また、GHQの諮問機関として設立された対日理事会の中華民国代表も、公布直前の

十月二十五日、アチソン対日理事会議長に書簡を送り、民主的な日本の基礎となる新憲法の公布を祝うため、よりふさわしい日を選ぶように日本政府を説得すべきであると主張しました。

しかし、アチソンは、十月三十一日の返信で、十一月三日が公布日とされたことに特に意味はなく、日本政府の決定に介入することは望ましくないと書き送ったとのことです（国立国会図書館「日本国憲法の誕生」より）。

第一〇〇条の第二項では、憲法を施行するために必要な法律の制定や参議院議員選挙は、憲法施行の前に実施してよいと規定しています。憲法施行後、スムーズに進むようにするためです。

この規定にもとづき、新たに参議院議員選挙法が帝国議会で成立し、一九四七年二月二十四日に施行。憲法施行直前の一九四七年四月二十日に、第一回の参議院選挙が実施されました。

第一〇一条 この憲法施行の際、参議院がまだ成立してゐないときは、その成立するまでの間、衆議院は、国会としての権限を行ふ。

第十一章 補則

憲法施行の際、参議院は成立していましたので、この条文は使われることはありませんでした。

第一期参議院議員の任期

第一〇二条 この憲法による第一期の参議院議員のうち、その半数の者の任期は、これを三年とする。その議員は、法律の定めるところにより、これを定める。

参議院議員は、任期六年で三年ごとに半数が改選されます。最初の選挙で、これをどうしたのか。

当選者を当選順位で上位当選者と下位当選者に分け、上位当選者は任期六年、下位当選者は任期三年にして、三年後の第二回参議院選挙で改選。新たに任期六年の議員を選出したのです。

第一回の選挙の議席数は全部で二五〇。地方区一五〇人、全国区一〇〇人を選出しました。立候補者数は、地方区三三一人、全国区二四六人。投票率は地方区が六一・一二

％、全国区が六〇・九三％でした。それほど高い投票率ではなかったのですね。参議院選挙に、まだ馴染みのない人が多かったのでしょうか。

ちなみに、岐阜県選挙区では定数二に対して立候補者も二人。無投票当選となりました。困ったのは、どちらを任期六年にするかです。結局、当選者二人がくじ引きをして、社会党候補が任期六年、無所属候補が三年に割り振られました。任期六年の社会党議員は、六年後も立候補しましたが、落選しています。三年の無所属議員は立候補しませんでした。

第一〇三条 この憲法施行の際現に在職する国務大臣、衆議院議員及び裁判官並びにその他の公務員で、その地位に相応する地位がこの憲法で認められてゐる者は、法律で特別の定をした場合を除いては、この憲法施行のため、当然にはその地位を失ふことはない。但し、この憲法によって、後任者が選挙又は任命されたときは、当然その地位を失ふ。

この条文は「超訳」しましょう。

第十一章　補　則

《**第一〇三条**　この憲法が施行されれば、それまでの大臣や衆議院議員、裁判官、その他の公務員は、本来はリセットされるべきだが、新しい憲法で、同じ地位が存在している場合は、特別の法律の定めがない限り、引き続き、その地位に留まって仕事ができる。ただし、新しい憲法によって後任が選挙で選ばれたり、任命されたりしたら、地位を失う。》

新しい憲法は、大日本帝国憲法とは、まったく精神の異なるものです。ですが、それまでの憲法の改正として成立したものですから、建前としては連続性があります。完全なリセットというわけにはいきません。大臣も議員も裁判官も公務員も、引き続き職に留まることを明記しました。これで安心した人も大勢いたことでしょう。

もっとも、新憲法制定前の一九四六年一月には、GHQが、「戦争犯罪人」や「大政翼賛会等の政治団体の有力指導者」などを公職から追放する「公職追放」を発動。国会議員などを追われた人たちがいました。

また、一九五〇年以降は、アメリカの指示により、共産党やその支持者と見られた人

物が大量に職場から追放されるという「レッドパージ」もありました。憲法の規定があっても、アメリカからの圧力によって、守られなかったことがあったのです。

集団的自衛権と日本国憲法

解釈改憲とは何か

二〇一四年七月一日、安倍内閣は、歴代内閣の憲法解釈を変えて、集団的自衛権の行使を容認する閣議決定をしました。

戦後これまでの内閣は、現在の憲法の下では集団的自衛権は行使できないと判断してきました。それを覆したのですから、賛否両論が噴出。大きなニュースになりました。ことは憲法解釈問題。となると、これに触れざるを得ません。本章では、この問題を取り上げましょう。

従来の憲法解釈の変更を決めたのは、「閣議決定」でした。これはどのようなものなのか。

総理大臣が、国会に予算案や法案を提出したり、重大な判断をしたりするときには、「閣議決定」を行います。政府が行政権を行使する際は、閣議によることが、内閣法で決まっているからです。

内閣法の条文を見てみましょう。

第四条 内閣がその職権を行うのは、閣議によるものとする。
② 閣議は、内閣総理大臣がこれを主宰する。この場合において、内閣総理大臣は、内閣の重要政策に関する基本的な方針その他の案件を発議することができる。
③ 各大臣は、案件の如何を問わず、内閣総理大臣に提出して、閣議を求めることができる。
第五条 内閣総理大臣は、内閣を代表して内閣提出の法律案、予算その他の議案を国会に提出し、一般国務及び外交関係について国会に報告する。
第六条 内閣総理大臣は、閣議にかけて決定した方針に基いて、行政各部を指揮監督する。

192

集団的自衛権と日本国憲法

民主主義のジレンマ

閣議決定は、総理大臣だけではなく、全閣僚が賛成しなければなりません。アメリカなら大統領が一人で決定を下せますが、日本は全部の大臣の合意がなければ決められません。

でも、大臣が一人でも反対すれば、何も決まらないかといえば、そうではありません。その場合、総理大臣が大臣を罷免（つまりクビに）して、自分が大臣を兼務して決定することが可能です。つまり、日本の総理は、閣議決定をしなければ重大なことは決められないのですが、「反対する大臣はクビにできる」という力を持っていることによって、内閣を動かせるのです。

もともと安倍晋三首相の目標は憲法第九条を変え、自衛隊を国防軍にして、武力行使できるようにすることです。

しかし、九条改正は簡単にはできそうもありません。そこで、憲法改正の手続きを定めた憲法九十六条を変え、憲法改正をしやすくした上で九条に手をつけようと考えました。ところが、この方法は邪道だという批判が憲法改正論者の中からも出て、方向転換。集団的自衛権が行使できるようにすることで、自衛隊が武力行使できるようにしようと

193

考えたのです。そのためには、集団的自衛権の行使を認めてこなかった内閣の憲法解釈を変える必要があります。

歴代の内閣が「できない」と言ってきたことを、憲法の解釈を変えることで、「できる」ようにする。ところが、これは実質的な憲法の改正に当たる＝「解釈改憲」だという批判が出てきたのです。

その一方、安倍首相は、「私が政治の最高責任者。私が決めることができる。反対なら、次の選挙で政権交代させればいい」と言いました。国民の代表だから、国民の意思を代行することで集団的自衛権を行使できるようにする、というわけです。

安倍首相の発言に関しては、「立憲主義を理解しないものだ」という批判が憲法学者から出ました。権力者が勝手なことができないように、国民が憲法で縛る＝制約をかける。これが近代の「立憲主義」の考え方なのに、安倍首相は「自分は権力者だから何でもできる」と言っているというわけです。

これが「民主主義のジレンマ」です。国民は二〇一二年の衆議院総選挙で、民主党から自民党へと政権交代を実現させました。しかし、自民党に投票した人の中にも、集団的自衛権の行使を認めない人がいたはずです。

集団的自衛権と日本国憲法

でも、自民党が政権を取ったから、自民党の好きにさせてもらいます、ということになりました。総選挙で投票することで、政権政党に白紙委任状を渡す。選挙とは、そんな性格を持っているのです。

「必要最小限度の実力を行使する」

では、集団的自衛権とは、どんなものなのでしょうか。まず、国家の自衛権には、個別的自衛権と集団的自衛権の二つがあると考えられています。

個別的自衛権とは、自国が他国から攻撃されたり、侵略されたりしたときに、自国を守る権利です。日本国憲法九条では「戦争の放棄」を定めていますが、自国を守る権利まで放棄したわけではない、というのが一般的な理解です。

これに対して集団的自衛権とは、自国と仲のいい国が他国から攻撃されたとき、自国が攻撃されたのと同じことだと考え、仲のいい国と一緒になって反撃することができる権利のこと。

この権利は国連でも認めています。

国連憲章では、「平和に対する脅威、平和の破壊及び侵略行為に関する行動」とうた

195

った第七章に、次のように明記されているのです。

第七章　第五十一条

この憲章のいかなる規定も、国際連合加盟国に対して武力攻撃が発生した場合には、安全保障理事会が国際の平和及び安全の維持に必要な措置をとるまでの間、個別的又は集団的自衛の固有の権利を害するものではない。この自衛権の行使に当つて加盟国がとつた措置は、直ちに安全保障理事会に報告しなければならない。また、この措置は、安全保障理事会が国際の平和及び安全の維持又は回復のために必要と認める行動をいつでもとるこの憲章に基く権能及び責任に対しては、いかなる影響も及ぼすものではない。

ここに出てくる「集団的自衛」という部分です。

武力攻撃がなされたときには、国連に加盟する国は、「集団的自衛」をとることが可能だと定められているのです。

これが集団的自衛権なのです。

なお、国連憲章では、この「集団的自衛」について出てくるのはこの条文のみです。

集団的自衛権と日本国憲法

これについて、内閣の憲法解釈に責任を持つ内閣法制局は、「国家である以上、日本も自衛の権利は持っているし、集団的自衛の権利も保有している。しかし、集団的自衛権は行使できない」という判断をとってきました。いわば「持っているが使えない」というわけです。

日本国憲法は第九条で「武力の行使は、国際紛争を解決する手段としては、永久にこれを放棄する」とある。集団的自衛権は、自国が攻撃されていなくても仲間の国を助けることだから、「国際紛争を解決する手段」としての武力の行使に該当する。これは憲法違反の行動になってしまうから、「持っていても使えない」。こういう論理です。

安倍首相は、この解釈を変更したのです。どういう論理なのか。閣議決定の文章を抜粋してみましょう。

「これまで政府は、(中略)『武力の行使』が許容されるのは、我が国に対する武力攻撃が発生した場合に限られると考えてきた。しかし、(中略) パワーバランスの変化や技術革新の急速な進展、大量破壊兵器などの脅威等により我が国を取り巻く安全保障環境が根本的に変容し、変化し続けている状況を踏まえれば、今後他国に対して発生する武

力攻撃であったとしても、その目的、規模、態様等によっては、我が国の存立を脅かすことも現実に起こり得る」

「こうした問題意識の下に、現在の安全保障環境に照らして慎重に検討した結果、我が国に対する武力攻撃が発生した場合のみならず、我が国と密接な関係にある他国に対する武力攻撃が発生し、これにより我が国の存立が脅かされ、国民の生命、自由及び幸福追求の権利が根底から覆される明白な危険がある場合において、これを排除し、我が国の存立を全うし、国民を守るために他に適当な手段がないときに、必要最小限度の実力を行使することは、従来の政府見解の基本的な論理に基づく自衛のための措置として、憲法上許容されると考えるべきであると判断するに至った」

日本を取り巻く状況が変わったから、憲法の解釈も変える。閣議決定の理屈は、これに尽きます。

「必要最小限度の実力を行使する」とは、要するに「武力行使する」ということです。

「いつでも戦争できる態勢をとっていれば、戦争を防げる」

「いつでも戦争できる態勢をとっていれば、戦争になってしまう」

集団的自衛権と日本国憲法

集団的自衛権をめぐる賛成・反対の論議は、突き詰めれば、この意見対立に集約されます。

閣議決定後の記者会見で、安倍首相は、「万全の備えが、日本に戦争を仕掛けようとするたくらみをくじく大きな力を持つ。今回の閣議決定で、日本が戦争に巻き込まれる恐れは一層なくなっていく」と語りました。

「日本だって武力行使できるぞ」とアピールすれば、戦争の抑止力になるのか。それとも周辺諸国との関係が緊張することになるのか。ここが判断の分かれるところでしょう。

安倍首相は、集団的自衛権の必要性を強調する記者会見の中で、日本人母子を保護した米軍の艦船が攻撃された場合、自衛隊は米軍の艦船を守ることを認めるべきだと主張しました。

ところが、アメリカ国務省領事局のウェブサイトを見ると、「緊急時にアメリカが救出するのは米国籍の市民を最優先する」と書いてあります。さらに「市民救出のために米軍が出動するというのは、ハリウッドの台本だ」とも。つまり、安倍首相が例に挙げた「米軍が日本人の母子を救出」というのは、二重にありえない設定なのです。

感情論に訴えて自己の主張を通そうとする。よくある手法ですね。

199

安倍内閣は集団的自衛権の行使を容認する閣議決定をしましたが、これですぐに武力行使できるようになるわけではありません。武力行使するためには、そのための根拠となる法律が必要です。安倍政権は、関係する多数の法律の改正案を作成し、二〇一五年中に国会に提出する予定です。
この法改正が実現して初めて、武力行使は可能になります。今後も議論が続くのです。

北朝鮮の憲法

憲法の上にある政党

これまで日本国憲法の前文と全十一章を、「超訳」をしながら、解説してきました。

それでは、外国は、どのような憲法を持っているのか。知りたくなりますよね。

そこで、まずは、北朝鮮（朝鮮民主主義人民共和国）の憲法を、次章では中国（中華人民共和国）の憲法を見てみることにしましょう。

北朝鮮や中国のような国に憲法があるのか、と驚かれる方も少なくないと思いますが、存在しているのです。

日本をはじめ先進民主主義国の憲法は、いずれも立憲主義にもとづいています。つまり、権力者による権力の乱用が起きないように、憲法により権力の行使に枠をはめてい

るのです。あらゆる国家組織や公務員は憲法を守る義務があります。

これに対して、北朝鮮や中国は、権力を保有している政党が、憲法の上に位置しています。北朝鮮なら朝鮮労働党、中国なら中国共産党です。憲法の解釈権も、党が独占しているのです。その結果、本来ならば憲法で保障されているはずの「国民の権利」が、党の判断で守られない、ということもよく起きるのです。「国民の権利」が憲法に明記されていても、保障されるとは限らない。そんな現実を思い知らせてくれるのが、両国の憲法なのです。

まずは、北朝鮮の憲法の序文を読んでみましょう。

朝鮮民主主義人民共和国は、偉大な領袖金日成同志と偉大な指導者金正日同志の思想と指導を具現したチュチェの社会主義祖国である。

いきなり出てきた「領袖（りょうしゅう）」という言葉。現在の日本ではあまり使いませんが、かつては「派閥の領袖」などという言い方をしました。要するに指導者（リーダー）のことです。「チュチェ」というのは「主体」と書きます。「チュチェ（主体）思想」という表現

がこの後出てきます。「主体思想」とは、「人民がすべての主体である」という意味です。この説明だけ聞くと、当たり前だと思うでしょう。

ところが北朝鮮の「主体」とは、優れた指導者の指導を受けてこそ主体的に行動できる、という意味になります。つまり実態として、北朝鮮の政治の「主体」は、金日成であり、その後継者なのです。人民はすぐれた領袖の指導で動く駒のような存在なのです。

　偉大な領袖金日成同志は朝鮮民主主義人民共和国の創建者であり、社会主義朝鮮の始祖である。
　金日成同志は不滅のチュチェ思想を創始し、その旗のもとに抗日革命闘争を組織、指導して栄えある革命の伝統を築き、祖国解放の歴史的偉業を成し遂げ、政治、経済、文化、軍事の各分野において自主独立国家建設の強固な基礎を築き、それに基づいて朝鮮民主主義人民共和国を創建した。

「祖国解放の歴史的偉業」とは、朝鮮半島（正確には朝鮮半島北部）の独立を成し遂げた、ということです。かつて日本の統治下にあった朝鮮半島は、第二次世界大戦での日

本の敗北により、北部はソビエト、南部はアメリカの支配下で独立を達成しましたが、北朝鮮の公式見解では、「金日成率いるパルチザン（武装遊撃隊）が日本軍を敗北させ、独立を勝ち取った」ということになっています。

金日成同志は主体的な革命路線を提示し、各段階における社会革命と建設事業を賢明に導き、共和国を人民大衆中心の社会主義国、自主、自立、自衛の社会主義国に強化、発展させた。（中略）

金日成同志と金正日同志は「以民為天」を座右の銘とし、つねに人民のなかにあって人民のために生涯を捧げ、気高い仁徳政治をもって人民を見守り、導き、全社会を一心団結の大家庭に変えた。

偉大な領袖金日成同志と偉大な指導者金正日同志は民族の太陽であり、祖国統一の救いの星である。金日成同志と金正日同志は国の統一を民族至上の課題とし、その実現のために労苦を尽くし、心血を注いだ。金日成同志と金正日同志は共和国を祖国統一の強力な砦として打ち固める一方、祖国統一の根本原則と方法を示し、祖国統一運動を全民族の運動に発展させて、全民族の団結した力で祖国統一の偉業を成就する道を開いた。

（中略）

金日成同志と金正日同志は、思想・理論と指導芸術の天才であり、百戦百勝の鋼鉄の総帥であり、偉大な革命家、政治家であり、偉大な人間であった。(中略)

朝鮮民主主義人民共和国と朝鮮人民は朝鮮労働党の指導のもとに、偉大な領袖金日成同志を共和国の永遠なる主席として、偉大な指導者金正日同志を共和国の永遠なる国防委員会委員長として仰ぎ、金日成同志と金正日同志の思想と業績を擁護、固守し、継承、発展させて、チュチェの革命偉業をあくまで達成していくであろう。

朝鮮民主主義人民共和国社会主義憲法は、偉大な領袖金日成同志と偉大な指導者金正日同志の主体的な国家建設の思想と業績を法文化した金日成―金正日憲法である。

なかなか興味深い文章が続きますが、長いので一部を省略しました。この序文の中に、金日成同志は「国の統一を民族至上の課題」にしていたという表現があります。金日成は、これを武力で達成しようとして朝鮮戦争を引き起こしたのです。

序文で注目すべきは、次の文章です。「朝鮮民主主義人民共和国と朝鮮人民は朝鮮労働党の指導のもとに」とあります。つまり、朝鮮労働党が憲法より上位にあります。かつ

ての憲法解釈では、朝鮮労働党が「領導」とされていました。領導には指導より強い意味があります。

主権は国民でなく「勤労人民」に

では、次の本文です。

第一条　朝鮮民主主義人民共和国は、全朝鮮人民の利益を代表する自主的な社会主義国家である。

第四条　朝鮮民主主義人民共和国の主権は、労働者、農民、軍人、勤労インテリをはじめ勤労人民にある。
勤労人民は、その代表機関である最高人民会議と地方の各人民会議を通じて主権を行使する。

何気なく読み飛ばしてしまいそうな文章ですが、主権は国民にあるのではなく、「勤労人民」にあるのですね。勤労していない、しない人々には主権を与えなくてもいいの

北朝鮮の憲法

です。

第六条　郡人民会議から最高人民会議に至るまでの各主権機関は、一般、平等、直接の原則に基づき、秘密投票によって選挙する。

実際の選挙では、立候補できるのは各選挙区で朝鮮労働党が指名した一人だけ。有権者は、その候補者を承認するかどうか投票するだけ。憲法に何と書いてあっても、問題は実際の運用次第ということなのです。

第十条　朝鮮民主主義人民共和国は、労働者階級が指導する労農同盟に基づく全人民の政治的・思想的統一に依拠する。

国家は、思想革命を強化して社会の全構成員を革命化、労働者階級化し、全社会を同志として結ばれた一つの集団につくり上げる。

第十一条　朝鮮民主主義人民共和国は、すべての活動を朝鮮労働党の指導のもとで行う。

第十二条　国家は、階級路線を堅持し、人民民主主義独裁を強化して、内外の敵対分子

207

の破壊策動から人民主権と社会主義制度を強固に守る。

このあたりの条文は北朝鮮ならではです。社会の構成員つまり国民は、すべて「革命化、労働者階級化」されなくてはならないのです。そのための思想教育がひっきりなしに実施されています。

第十一条が、序文に書かれていた内容を具体的に表現したもの。朝鮮労働党がすべてのトップに立ちます。北朝鮮には、他の政党も存在しているのですが、いずれも朝鮮労働党の指導に従うことになっています。これでは独立した政党とは呼べないのですが。

第十二条にも驚きます。「内外の敵対分子の破壊策動」とあります。自国内に敵対分子が存在することを憲法が認めているのです。憲法に規定されているのですから、「敵対分子」の摘発に力を入れなくてはなりません。政府に従わないと、「敵対分子」と見なされてしまうのです。

平和、自由の保障という矛盾

第十七条 自主、平和、親善は朝鮮民主主義人民共和国の対外政策の基本理念であり、

北朝鮮の憲法

対外活動の原則である。

国家は、わが国に友好的なすべての国と完全なる平等と自主性、相互尊重と内政不干渉、互恵の原則に基づいて、国家的または政治的・経済的・文化的関係を結ぶ。(後略)

「平和、親善」は北朝鮮の対外政策の基本理念だそうです。でも、日本に対して「ミサイルの標的にしているぞ」と脅したのは、どこの国でしたっけ。笑ってしまうしかないのは、以下の条文です。

第六十四条 国家は、すべての公民に真の民主主義的権利と自由、幸福な物質・文化生活を実質的に保障する。

朝鮮民主主義人民共和国において公民の権利と自由は、社会主義制度の強化、発展とともにさらに拡大される。

第六十七条 公民は、言論、出版、集会、示威と結社の自由を有する。

国家は、民主的政党、大衆団体の自由な活動条件を保障する。

民主主義的な権利や自由、幸福な物質・文化生活は「実質的に保障」されるそうです。国民が十分ではないと不満を訴えても、「実質的には保障されている」と叱られそうです。

言論、出版、集会、示威（デモ行進のこと）や結社（政党結成）の自由を有するそうです。

「国民の権利」は憲法に明記されているからといって無条件に保障されるものではない。人々の日々の努力によって達せられるものであることを、この憲法は私たちに教えてくれます。

註）北朝鮮の憲法の訳文は、Naenara（朝鮮民主主義人民共和国のHP）から引用しました。

中国の憲法

憲法を守ると逮捕される国

二〇一四年十月二十三日、中国共産党の中央委員会第四回全体会議は、「法治の推進」に向けた改革を盛り込んだ声明を採択しました。

「法治の推進」とは、奇妙に聞こえます。「法にもとづいた統治を進める」というのですから。私たちにとってみれば、民主主義社会においては、そもそも「統治」は法律にもとづいて行われるもの。わざわざこんな言葉を使わなくてはならないとは、これまで、法にもとづいた統治＝政治が行われていなかったことを認めるようなものです。中国共産党中央委員会の「法治の推進」とは、憲法にもとづいた国の統治を進めることです。中国の憲法には、次のような条文があります。

第三十五条　中華人民共和国公民は、言論、出版、集会、結社、行進及び示威の自由を有する。

「公民」とは国民のこと。驚きではありませんか。中国には、いかに言論の自由や出版の自由がないかを知っている私たちは、憲法の条文の空文化に呆れるばかりですが、これからは、これを守っていこうというのです。

ここだけを見れば、中国共産党も心を入れ替えたのかと思ってしまうかも知れませんが、その一方で、中国国内では、憲法の条文を根拠にして人権の擁護を訴えてきた「新公民運動」のメンバーが次々に逮捕され、有罪判決を受けているという現実があります。

一般の国民が「憲法を守れ」と主張すると逮捕されるのに、共産党は「憲法を守ろう」と言い出している。とても不思議な構図です。どうして、こんなことになるのか。

憲法の前文に、次のような文章があります。

「中国の各民族人民は、引き続き中国共産党の指導の下に、（中略）我が国を富強、民主的、かつ、文明的な社会主持し、社会主義の道を堅持し、（中略）人民民主独裁を堅

中国の憲法

義国家として建設する」

中国は、「中国共産党の指導の下に」あるのです。憲法を解釈する権限を持つのは中国共産党。必然的に党に都合のいい解釈・運用をすることになります。一般国民の「憲法を守れ」という要求は、憲法擁護の名の下に、共産党支配に反対しようとしている行動だと決めつけることができるのです。共産党の言う「法治」とは、共産党の解釈による憲法と法律にもとづいて政治を行うということです。

中華人民共和国が成立以降、憲法は大きなもので三回改正され、現行の憲法は一九八二年に制定されました。その後、一部の字句の手直しを経て、いまも使われています。

前文に秘めた野心

まず前文から見ましょう。長文なので、さわりを紹介するに留めます。

中国は、世界でも最も古い歴史を持つ国家の一つである。中国の諸民族人民は、輝かしい文化を共同で作り上げており、また、栄えある革命の伝統を持っている。

一八四〇年以降、封建的な中国は、次第に半植民地・半封建的な国家に変化した。中

国人民は、国家の独立、民族の解放並びに民主と自由のために、戦友の屍を乗り越えて突き進む勇敢な闘いを続けてきた。(中略)

一九四九年、毛沢東主席を領袖とする中国共産党に導かれた中国の諸民族人民は、長期にわたる困難で曲折に富む武装闘争その他の形態の闘争を経て、ついに帝国主義、封建主義及び官僚資本主義の支配を覆し、新民主主義革命の偉大な勝利を勝ち取り、中華人民共和国を樹立した。この時から、中国人民は、国家の権力を掌握して、国家の主人公になった。(中略)

中国の新民主主義革命の勝利と社会主義事業の成果は、中国共産党が中国の各民族人民を指導し、マルクス・レーニン主義及び毛沢東思想の導きの下に、真理を堅持し、誤りを是正し、多くの困難と危険に打ち勝って獲得したものである。(中略)

我が国では、搾取階級は、階級としては既に消滅したが、なお一定の範囲で階級闘争が長期にわたり存在する。中国人民は、我が国の社会主義制度を敵視し、破壊する国内外の敵対勢力及び敵対分子と闘争しなければならない。

台湾は、中華人民共和国の神聖な領土の一部である。祖国統一の大業を成し遂げることは、台湾の同胞を含む全中国人民の神聖な責務である。(後略)

中国の憲法

中国共産党のおかげで、いまの中国が存在する。だから共産党には中国という国家を統治する正統性がある。このことが憲法に明記されているのです。

そして、台湾は「中華人民共和国の神聖な領土の一部」。わざわざ憲法前文に書いて、台湾の吸収合併への野心を隠していません。続いて、第一条を見てみましょう。

第一条　1　中華人民共和国は、労働者階級の指導する労農同盟を基礎とした人民民主主義独裁の社会主義国家である。

2　社会主義制度は、中華人民共和国の基本となる制度である。いかなる組織又は個人も、社会主義制度を破壊することは、これを禁止する。

「人民民主主義独裁」ときました。「労働者階級」による「独裁」つまり中国共産党による独裁なのです。中国共産党が、「社会主義制度を破壊すること」だと認定すれば、どんな行動であっても、その行動を起こした人物は逮捕されてしまいます。

215

第二条　1　中華人民共和国のすべての権力は、人民に属する。
2　人民が国家権力を行使する機関は、全国人民代表大会及び地方各級人民代表大会である。（後略）

第三条　1　中華人民共和国の国家機構は、民主集中制の原則を実行する。
2　全国人民代表大会及び地方各級人民代表大会は、すべて民主的選挙によって選出され、人民に対して責任を負い、人民の監督を受ける。（後略）

　すべての権力は人民に属する。人民を代表するのは共産党である。だから共産党がすべての権力を独占する。この論理の根拠になる文言です。

「民主集中制」というのは、聞き慣れない言葉かも知れません。共産党特有のシステムです。人民の代表は地方の人民代表大会で選出され、その代表たちの中から中央の大会に出席できる人が選ばれ……という形で人民の権力が次々に上部に譲渡され、ごく少数の上層部が権力を一手に掌握。人民はこの権力による決定を守らなければならない、という意味です。つまりは、「民主」の名の下に権力を独占する仕組みです。

中国の憲法

第四条 1　中華人民共和国の諸民族は、一律に平等である。国家は、すべての少数民族の適法な権利及び利益を保障し、民族間の平等、団結及び相互援助の関係を維持し、民族の適法な発展させる。いずれの民族に対する差別及び抑圧も、これを禁止し、並びに民族の団結を破壊し、又は民族の分裂を引き起こす行為を禁止する。（後略）

チベットや新疆(しんきょう)ウイグル自治区での弾圧ぶりを見ると、皮肉な条文です。

計画出産の義務とカトリックの禁止

第二十五条　国家は、計画出産を推進して、人口の増加を経済及び社会の発展計画に適応させる。

中国は「一人っ子政策」を維持してきました。最近一部で緩和の動きもありますが、この政策は、法律とは無関係に開始されました。現在は、こうして憲法で根拠を示しています。それにしても、国家が「計画出産を推進」する。恐ろしい発想です。実は、第四十九条で、「夫婦は、双方ともに計画出産を実行する義務を負う」と規定しています。

217

国民の義務なのです。

その一方で、同じ四十九条で、「父母は、未成年の子女を扶養・教育する義務を負い、成年の子女は、父母を扶養・援助する義務を負う」とあります。こんなところに儒教思想が顔を出す。近代法の常識では理解できない不思議な憲法なのです。

第二十六条　1　国家は、生活環境及び生態環境を保護し、及びこれを改善し、汚染その他の公害を防止する。(後略)

中国の汚染大国の現状からすれば、これも空文化した条文です。

第三十三条　1　中華人民共和国の国籍を有する者は、すべて中華人民共和国の公民である。

2　中華人民共和国公民は、法律の前に一律に平等である。国家は、人権を尊重し、保障する。(後略)

218

中国の憲法

第三十五条　中華人民共和国公民は、言論、出版、集会、結社、行進及び示威の自由を有する。

第三十六条　1　中華人民共和国公民は、宗教信仰の自由を有する。
2　いかなる国家機関、社会団体又は個人も、公民に宗教の信仰又は不信仰を強制してはならず、宗教を信仰する公民と宗教を信仰しない公民とを差別してはならない。
3　国家は、正常な宗教活動を保護する。何人も、宗教を利用して、社会秩序を破壊し、公民の身体・健康を損ない、又は国家の教育制度を妨害する活動を行ってはならない。
4　宗教団体及び宗教事務は、外国勢力の支配を受けない。

　中国ではカトリックの信仰が抑圧されています。カトリック信者はローマ法王に従うので、「外国勢力の支配」なのです。中国共産党の指導を受ける教会だけが認められています。これが、いまの中国の憲法です。憲法の文章上で保障されているからといって、人権が守られるとは限らない。これは前章で取り上げた北朝鮮とまったく同じなのです。

註）中国の憲法の訳文は、「中国文化と中国人――恋する中国」のHPから引用しました。

アメリカ合衆国の憲法

日本と異なる「民主主義」

これまで日本国憲法の全章を「超訳」し、続いて北朝鮮と中国の憲法を見てきました。最終章では「民主主義の大国」と称されるアメリカ合衆国の憲法をチェックしましょう。日本とはまったく異なる「民主主義」の概念が見えてくるはずです。

アメリカの正式名称は United States of America。五十の州が集まった連邦国家です。日本語では「州」と訳されましたが、原語は State つまり「国」なのです。そもそも十三の「国」が集まり連邦国家を形成した。これがアメリカです。

アメリカの憲法が成立したのは一七八七年。最初は、言論の自由などの権利について触れていなかったため、一七九一年になって、憲法を補強する条項が付加されました。

221

これは「権利の章典」と呼ばれますが、憲法の修正第一条から第十条のことです。その後、次々に修正条項が加えられ、現在では修正第二十七条まであります。

アメリカの憲法改正のためには、上院と下院のそれぞれ三分の二以上の議員の賛成で発議し、五十の州の四分の三以上の批准で発効することになっています。各州の連合によって生まれた連邦国家ですから、改正の承認は、各州が行うのです。日本と異なり、改正に国民の投票は必要ありません。

アメリカの憲法を修正する際は、前の条項は残したまま、付加された条項が前の条項を否定する形式をとっています。このため、最初の憲法の条項には、いまの常識からすれば驚くべき内容が含まれていたことがわかります。制定当時のアメリカ憲法は、奴隷制を前提としていたのです。

さらに、一九一九年に修正第十八条で酒の製造・販売などを禁止する禁酒条項が設けられましたが、一九三三年に修正第二十一条で禁酒条項の廃止が決まっています。禁酒は百害あって一利なしだとわかったからです。

憲法は、前文に続いて、第一章は「立法部」つまり議会、第二章は「執行部」つまり行政、第三章は「司法部」、第四章は「連邦条項」から成り立っています。三権分立で、

アメリカ合衆国の憲法

構成はシンプルです。では、まずは憲法の前文から見て行きましょう。

われら合衆国の国民は、より完全な連邦を形成し、正義を樹立し、国内の平穏を保障し、共同の防衛に備え、一般の福祉を増進し、われらとわれらの子孫のために自由の恵沢を確保する目的をもって、ここにアメリカ合衆国のためにこの憲法を制定し、確定する。

これは英語の訳文通りに引用しました。この後は、わかりにくい表現が多いので、適宜「超訳」します。

《第一章 第一条
第二条 第一項 下院は、各州の州民が二年ごとに選出する議員で構成する。
第二項 下院議員に立候補できる資格は、二十五歳以上で米国籍を取得して七年以上であり、その州の住民であること》

第一条 立法権は上院と下院で構成される連邦議会に属する。

223

奴隷制度を認めていた憲法

第三項は、驚くことが書いてあるので、前半部分をそのまま引用します。

第三項 下院議員と直接税は、連邦に加わる各州の人口に比例して各州間に配分される。各州の人口は、年期を定めて労務に服する者を含み、かつ、納税義務のないインディアンを除いた自由人の総数に、自由人以外のすべての者の数の五分の三を加えたものとする。（後略）

下院議員の数は州の人口に比例すると書いてあるのですが、その「人口」とは、インディアン（先住民）が含まれておらず、「自由人以外」の人数の五分の三が加算されます。「自由人以外」とは要するに奴隷のこと。奴隷の存在を前提にしています。当時のアメリカは、奴隷制度を保持し、憲法でそれを認めていたのです。当時のアメリカで選挙権を持っているのは白人男性だけでしたが（女性参政権が認められるのは一九二〇年に修正第十九条が成立してから）、南部の州は「人口」が少なかったため、そのままでは議員の数が少なくなるので、黒人の人口の五分の三を「人口」に含めたのです。その

アメリカ合衆国の憲法

後、修正第十三条、第十四条、第十五条が成立することで、この条項は意味を持たなくなります。

《第三条》 上院は、各州から二名ずつ選出される上院議員でこれを組織する。上院議員は二年ごとに三分の一ずつ改選する。上院議員に立候補できるのは、三十歳以上で米国籍を取得して九年以上で、その州の住民であること。
副大統領は上院の議長となる。ただし、採決で可否同数のときを除いて表決には加わらない。
大統領をやめさせるかどうかを判断する弾劾裁判は上院で行う。その裁判の裁判長は最高裁判所長官が務める。

第七条 下院と上院を通過した法律案は、大統領に送られ、大統領が署名すると法律になる。大統領が承認しない場合（拒否権を行使する場合）は、理由をつけて議会に送り返す。送り返された法律案を上下両院が三分の二以上の多数で可決した場合は、大統領の拒否権に拘わらず法律として成立する。

第二章 第一条 執行権（行政権）は大統領に属する。大統領の任期は四年。副大統領と同時に選出される。

大統領になれるのは、アメリカ生まれで三十五歳以上。アメリカに十四年以上住んでいる者に限られる》

上院議員や下院議員には、米国籍を取っていれば立候補できますが、そもそもアメリカで生まれていなければなりません。

第四章は連邦条項。連邦と州の関係について定められています。その第二条第三項にとても悪名高き文章があるのです。ここは訳文通りで。

第二条 第三項 一州において、その州の法律によって役務または労務に服する義務のある者は、他州に逃亡しても、その州の法律または規則によってかかる役務または労務から解放されるものではなく、当該役務または労務を提供されるべき当事者からの請求があれば、引き渡されなければならない。

アメリカ合衆国の憲法

「役務または労務に服する義務のある者」とは、奴隷のこと。奴隷制のある州から奴隷制のない州に逃げ込んだ奴隷は、請求があれば、元の持ち主に引き渡されることになっていたのです。この条文も、修正第十三条で改正されました。

続いて、後から追加された修正条項です。ここも訳文通り引用します。

修正第一条 連邦議会は、国教を定めまたは自由な宗教活動を禁止する法律、言論または出版の自由を制限する法律、ならびに国民が平穏に集会する権利および苦痛の救済を求めて政府に請願する権利を制限する法律は、これを制定してはならない。

修正第二条 規律ある民兵団は、自由な国家の安全にとって必要であるから、国民が武器を保有し携行する権利は、侵してはならない。

「銃を持つ権利」の保障

修正第一条は当然のことですね。しかし、憲法が制定された当初には含まれていなかったのですから、いささか驚きです。

もっと驚くのは修正第二条です。これが、アメリカの「銃を持つ権利」を保障したも

227

のです。ここで「規律ある民兵団」とは、各州が保有している州兵のこと。アメリカの各州は、それぞれ独自に州兵を持っているのです。

この条項は、州兵が武器を持つ権利を認めているにすぎないとの解釈もありましたが、二〇〇八年、連邦最高裁判所は、この条項が、個人が武器を保有する権利を認めているとの判断を示しました。

アメリカで銃犯罪による犠牲者が絶えないのは、この条文によるのですが、アメリカ人は、この権利を否定しようとしないのです。

修正第十条 この憲法が合衆国に委任していない権限または国民に対して禁止していない権限は、各々の州または国民に留保される。

日本のような中央集権国家では、さまざまな権限が政府に集中し、特別に認められた権限だけが地方自治体に委譲されるのが通例ですが、アメリカは連邦国家。憲法で政府の権限と規定されていないものや、州に対して禁止されているもの以外は、そもそも州の権限なのです。各州が連合してアメリカ合衆国が成立したことを、この条文は教えて

くれます。

修正第十三条 第一項 奴隷制および本人の意に反する苦役は、適正な手続を経て有罪とされた当事者に対する刑罰の場合を除き、合衆国内またはその管轄に服するいかなる地においても、存在してはならない。(後略)

この修正条項が定められたのは、一八六五年になってからのことです。

修正第十五条 第一項 合衆国またはいかなる州も、人種、肌の色、または前に隷属状態にあったことを理由として、合衆国市民の投票権を奪い、または制限してはならない。

(後略)

この修正条項は、一八七〇年になってから。黒人奴隷の存在が認められなくなっても、黒人が投票できないような制限条項を設けていた州があったので、この条文が付加されました。それでも実質的に黒人の投票権を認めない州がありました。法的な差別が解消

されたのは、一九七〇年代になってから。それでも黒人に対する差別は、いまも陰に陽に続いているのです。

註）アメリカの憲法の訳文は、駐日アメリカ大使館の公式サイトから引用しました。

おわりに

憲法というと、むずかしい政治の話だったり、雲の上の論議だったりするように見えるかも知れませんが、この本を読んでいただければ、そのようなものではないことがおわかりいただけるはずです。

日本の「国のかたち」を規定するのが日本国憲法であり、憲法の下に数々の法律が存在し、私たちは、法律を守りながら生活しています（守っていない人もいますが）。

その一方で、私たちは、権力者に対して、「権力者にも守るべきルールがあるのだ」と憲法を押しつけています。権力者が守らなければならないのが、憲法なのです。

この本の後半部分では、権力者が憲法を守ろうとしていない国家として、北朝鮮と中国を取り上げました。どちらの国家も、憲法の字面だけを取り出せば、国民の基本的人権が保障されているように見えます。しかし、実際はご存知の通りです。

国民の権利は、私たちの不断の努力によって守り抜かなければ、簡単に骨抜きになってしまうことを、両国の例は示しています。

また、同じ民主主義の国であるアメリカの憲法からは、日本とはずいぶん異なるシステムで動いていることも見えてきます。民主主義と一口に言っても、決して一様ではないのです。憲法を知ることで、民主主義とは何か、国民主権とは何かを考えるきっかけになれば幸いです。

この本は、新潮社の月刊誌『波』に連載されたものが元になっています。『波』での連載に当たっては、出版部の木村達哉さんに、新書にまとめるに当たっては、新潮新書編集部の丸山秀樹さんにお世話になりました。

二〇一五年三月

ジャーナリスト・東京工業大学教授　池上彰

初出:『波』(二〇一三年四月号～二〇一五年一月号)

日本国憲法　全文

日本国憲法　全文

朕は、日本国民の総意に基いて、新日本建設の礎が、定まるに至つたことを、深くよろこび、枢密顧問の諮詢及び帝国憲法第七十三条による帝国議会の議決を経た帝国憲法の改正を裁可し、ここにこれを公布せしめる。

御名御璽

昭和二十一年十一月三日

日本国憲法

日本国民は、正当に選挙された国会における代表者を通じて行動し、われらとわれらの子孫のために、諸国民との協和による成果と、わが国全土にわたつて自由のもたらす恵沢を確保し、政府の行為によつて再び戦争の惨禍が起ることのないやうにすることを決意し、ここに主権が国民に存することを宣言し、この憲法を確定する。そもそも国政は、国民の厳粛な信託によるものであつて、その権威は国民に由来し、その権力は国民の代表者がこれを行使し、その福利は国民がこれを享受する。これは人類普遍の原理であり、この憲法は、かかる原理に基くものである。われらは、これに反する一切の憲法、法令及び詔勅を排除する。

日本国民は、恒久の平和を念願し、人間相互の関係を支配する崇高な理想を深く自覚するのであつて、平和を愛する諸国民の公正と信義に

235

信頼して、われらの安全と生存を保持しようと決意した。われらは、平和を維持し、専制と隷従、圧迫と偏狭を地上から永遠に除去しようと努めてゐる国際社会において、名誉ある地位を占めたいと思ふ。われらは、全世界の国民が、ひとしく恐怖と欠乏から免かれ、平和のうちに生存する権利を有することを確認する。

われらは、いづれの国家も、自国のことのみに専念して他国を無視してはならないのであつて、政治道徳の法則は、普遍的なものであり、この法則に従ふことは、自国の主権を維持し、他国と対等関係に立たうとする各国の責務であると信ずる。

日本国民は、国家の名誉にかけ、全力をあげてこの崇高な理想と目的を達成することを誓ふ。

第一章　天皇

第一条　天皇は、日本国の象徴であり日本国民統合の象徴であつて、この地位は、主権の存する日本国民の総意に基く。

第二条　皇位は、世襲のものであつて、国会の議決した皇室典範の定めるところにより、これを継承する。

第三条　天皇の国事に関するすべての行為には、内閣の助言と承認を必要とし、内閣が、その責任を負ふ。

第四条　天皇は、この憲法の定める国事に関する行為のみを行ひ、国政に関する権能を有しない。

② 天皇は、法律の定めるところにより、その

国事に関する行為を委任することができる。

第五条　皇室典範の定めるところにより摂政を置くときは、摂政は、天皇の名でその国事に関する行為を行ふ。この場合には、前条第一項の規定を準用する。

第六条　天皇は、国会の指名に基いて、内閣総理大臣を任命する。

② 天皇は、内閣の指名に基いて、最高裁判所の長たる裁判官を任命する。

第七条　天皇は、内閣の助言と承認により、国民のために、左の国事に関する行為を行ふ。

一　憲法改正、法律、政令及び条約を公布すること。
二　国会を召集すること。
三　衆議院を解散すること。
四　国会議員の総選挙の施行を公示すること。
五　国務大臣及び法律の定めるその他の官吏の任免並びに全権委任状及び大使及び公使の信任状を認証すること。
六　大赦、特赦、減刑、刑の執行の免除及び復権を認証すること。
七　栄典を授与すること。
八　批准書及び法律の定めるその他の外交文書を認証すること。
九　外国の大使及び公使を接受すること。
十　儀式を行ふこと。

第八条　皇室に財産を譲り渡し、又は皇室が、財産を譲り受け、若しくは賜与することは、国会の議決に基かなければならない。

第二章　戦争の放棄

第九条　日本国民は、正義と秩序を基調とする国際平和を誠実に希求し、国権の発動たる戦争と、武力による威嚇又は武力の行使は、国際紛争を解決する手段としては、永久にこれを放棄する。

② 前項の目的を達するため、陸海空軍その他の戦力は、これを保持しない。国の交戦権は、これを認めない。

第三章　国民の権利及び義務

第十条　日本国民たる要件は、法律でこれを定める。

第十一条　国民は、すべての基本的人権の享有を妨げられない。この憲法が保障する基本的人権は、侵すことのできない永久の権利として、現在及び将来の国民に与へられる。

第十二条　この憲法が国民に保障する自由及び権利は、国民の不断の努力によつて、これを保持しなければならない。又、国民は、これを濫用してはならないのであつて、常に公共の福祉のためにこれを利用する責任を負ふ。

第十三条　すべて国民は、個人として尊重される。生命、自由及び幸福追求に対する国民の権利については、公共の福祉に反しない限り、立法その他の国政の上で、最大の尊重を必要とする。

第十四条　すべて国民は、法の下に平等であつて、人種、信条、性別、社会的身分又は門地

日本国憲法 全文

により、政治的、経済的又は社会的関係において、差別されない。

② 華族その他の貴族の制度は、これを認めない。

③ 栄誉、勲章その他の栄典の授与は、いかなる特権も伴はない。栄典の授与は、現にこれを有し、又は将来これを受ける者の一代に限り、その効力を有する。

第十五条　公務員を選定し、及びこれを罷免することは、国民固有の権利である。

② すべて公務員は、全体の奉仕者であつて、一部の奉仕者ではない。

③ 公務員の選挙については、成年者による普通選挙を保障する。

④ すべて選挙における投票の秘密は、これを侵してはならない。選挙人は、その選択に関

し公的にも私的にも責任を問はれない。

第十六条　何人も、損害の救済、公務員の罷免、法律、命令又は規則の制定、廃止又は改正その他の事項に関し、平穏に請願する権利を有し、何人も、かかる請願をしたためにいかなる差別待遇も受けない。

第十七条　何人も、公務員の不法行為により、損害を受けたときは、法律の定めるところにより、国又は公共団体に、その賠償を求めることができる。

第十八条　何人も、いかなる奴隷的拘束も受けない。又、犯罪に因る処罰の場合を除いては、その意に反する苦役に服させられない。

第十九条　思想及び良心の自由は、これを侵してはならない。

第二十条　信教の自由は、何人に対してもこれ

239

を保障する。いかなる宗教団体も、国から特権を受け、又は政治上の権力を行使してはならない。

② 何人も、宗教上の行為、祝典、儀式又は行事に参加することを強制されない。

③ 国及びその機関は、宗教教育その他いかなる宗教的活動もしてはならない。

第二十一条　集会、結社及び言論、出版その他一切の表現の自由は、これを保障する。

② 検閲は、これをしてはならない。通信の秘密は、これを侵してはならない。

第二十二条　何人も、公共の福祉に反しない限り、居住、移転及び職業選択の自由を有する。

② 何人も、外国に移住し、又は国籍を離脱する自由を侵されない。

第二十三条　学問の自由は、これを保障する。

第二十四条　婚姻は、両性の合意のみに基いて成立し、夫婦が同等の権利を有することを基本として、相互の協力により、維持されなければならない。

② 配偶者の選択、財産権、相続、住居の選定、離婚並びに婚姻及び家族に関するその他の事項に関しては、法律は、個人の尊厳と両性の本質的平等に立脚して、制定されなければならない。

第二十五条　すべて国民は、健康で文化的な最低限度の生活を営む権利を有する。

② 国は、すべての生活部面について、社会福祉、社会保障及び公衆衛生の向上及び増進に努めなければならない。

第二十六条　すべて国民は、法律の定めるところにより、その能力に応じて、ひとしく教育

240

日本国憲法　全文

を受ける権利を有する。
② すべて国民は、法律の定めるところにより、その保護する子女に普通教育を受けさせる義務を負ふ。義務教育は、これを無償とする。
第二十七条　すべて国民は、勤労の権利を有し、義務を負ふ。
② 賃金、就業時間、休息その他の勤労条件に関する基準は、法律でこれを定める。
③ 児童は、これを酷使してはならない。
第二十八条　勤労者の団結する権利及び団体交渉その他の団体行動をする権利は、これを保障する。
第二十九条　財産権は、これを侵してはならない。
② 財産権の内容は、公共の福祉に適合するやうに、法律でこれを定める。

③ 私有財産は、正当な補償の下に、これを公共のために用ひることができる。
第三十条　国民は、法律の定めるところにより、納税の義務を負ふ。
第三十一条　何人も、法律の定める手続によらなければ、その生命若しくは自由を奪はれ、又はその他の刑罰を科せられない。
第三十二条　何人も、裁判所において裁判を受ける権利を奪はれない。
第三十三条　何人も、現行犯として逮捕される場合を除いては、権限を有する司法官憲が発し、且つ理由となつてゐる犯罪を明示する令状によらなければ、逮捕されない。
第三十四条　何人も、理由を直ちに告げられ、且つ、直ちに弁護人に依頼する権利を与へられなければ、抑留又は拘禁されない。又、何

241

人も、正当な理由がなければ、拘禁されず、要求があれば、その理由は、直ちに本人及びその弁護人の出席する公開の法廷で示されなければならない。

第三十五条　何人も、その住居、書類及び所持品について、侵入、捜索及び押収を受けることのない権利は、第三十三条の場合を除いては、正当な理由に基いて発せられ、且つ捜索する場所及び押収する物を明示する令状がなければ、侵されない。

② 捜索又は押収は、権限を有する司法官憲が発する各別の令状により、これを行ふ。

第三十六条　公務員による拷問及び残虐な刑罰は、絶対にこれを禁ずる。

第三十七条　すべて刑事事件においては、被告人は、公平な裁判所の迅速な公開裁判を受ける権利を有する。

② 刑事被告人は、すべての証人に対して審問する機会を充分に与へられ、又、公費で自己のために強制的手続により証人を求める権利を有する。

③ 刑事被告人は、いかなる場合にも、資格を有する弁護人を依頼することができる。被告人が自らこれを依頼することができないときは、国でこれを附する。

第三十八条　何人も、自己に不利益な供述を強要されない。

② 強制、拷問若しくは脅迫による自白又は不当に長く抑留若しくは拘禁された後の自白は、これを証拠とすることができない。

③ 何人も、自己に不利益な唯一の証拠が本人の自白である場合には、有罪とされ、又は刑

日本国憲法　全文

罰を科せられない。

第三十九条　何人も、実行の時に適法であった行為又は既に無罪とされた行為については、刑事上の責任を問はれない。又、同一の犯罪について、重ねて刑事上の責任を問はれない。

第四十条　何人も、抑留又は拘禁された後、無罪の裁判を受けたときは、法律の定めるところにより、国にその補償を求めることができる。

第四章　国会

第四十一条　国会は、国権の最高機関であって、国の唯一の立法機関である。

第四十二条　国会は、衆議院及び参議院の両議院でこれを構成する。

第四十三条　両議院は、全国民を代表する選挙された議員でこれを組織する。

② 両議院の議員の定数は、法律でこれを定める。

第四十四条　両議院の議員及びその選挙人の資格は、法律でこれを定める。但し、人種、信条、性別、社会的身分、門地、教育、財産又は収入によって差別してはならない。

第四十五条　衆議院議員の任期は、四年とする。但し、衆議院解散の場合には、その期間満了前に終了する。

第四十六条　参議院議員の任期は、六年とし、三年ごとに議員の半数を改選する。

第四十七条　選挙区、投票の方法その他両議院の議員の選挙に関する事項は、法律でこれを定める。

243

第四十八条　何人も、同時に両議院の議員たることはできない。

第四十九条　両議院の議員は、法律の定めるところにより、国庫から相当額の歳費を受ける。

第五十条　両議院の議員は、法律の定める場合を除いては、国会の会期中逮捕されず、会期前に逮捕された議員は、その議院の要求があれば、会期中これを釈放しなければならない。

第五十一条　両議院の議員は、議院で行つた演説、討論又は表決について、院外で責任を問はれない。

第五十二条　国会の常会は、毎年一回これを召集する。

第五十三条　内閣は、国会の臨時会の召集を決定することができる。いづれかの議院の総議員の四分の一以上の要求があれば、内閣は、その召集を決定しなければならない。

第五十四条　衆議院が解散されたときは、解散の日から四十日以内に、衆議院議員の総選挙を行ひ、その選挙の日から三十日以内に、国会を召集しなければならない。

② 衆議院が解散されたときは、参議院は、同時に閉会となる。但し、内閣は、国に緊急の必要があるときは、参議院の緊急集会を求めることができる。

③ 前項但書の緊急集会において採られた措置は、臨時のものであつて、次の国会開会の後十日以内に、衆議院の同意がない場合には、その効力を失ふ。

第五十五条　両議院は、各々その議員の資格に関する争訟を裁判する。但し、議員の議席を失はせるには、出席議員の三分の二以上の多

日本国憲法　全文

数による議決を必要とする。

第五十六条　両議院は、各々その総議員の三分の一以上の出席がなければ、議事を開き議決することができない。

② 両議院の議事は、この憲法に特別の定のある場合を除いては、出席議員の過半数でこれを決し、可否同数のときは、議長の決するところによる。

第五十七条　両議院の会議は、公開とする。但し、出席議員の三分の二以上の多数で議決したときは、秘密会を開くことができる。

② 両議院は、各々その会議の記録を保存し、秘密会の記録の中で特に秘密を要すると認められるもの以外は、これを公表し、且つ一般に頒布しなければならない。

③ 出席議員の五分の一以上の要求があれば、各議員の表決は、これを会議録に記載しなければならない。

第五十八条　両議院は、各々その議長その他の役員を選任する。

② 両議院は、各々その会議その他の手続及び内部の規律に関する規則を定め、又、院内の秩序をみだした議員を懲罰することができる。但し、議員を除名するには、出席議員の三分の二以上の多数による議決を必要とする。

第五十九条　法律案は、この憲法に特別の定のある場合を除いては、両議院で可決したとき法律となる。

② 衆議院で可決し、参議院でこれと異なつた議決をした法律案は、衆議院で出席議員の三分の二以上の多数で再び可決したときは、法律となる。

245

③ 前項の規定は、法律の定めるところにより、衆議院が、両議院の協議会を開くことを求めることを妨げない。

④ 参議院が、衆議院の可決した法律案を受け取った後、国会休会中の期間を除いて六十日以内に、議決しないときは、衆議院は、参議院がその法律案を否決したものとみなすことができる。

第六十条　予算は、さきに衆議院に提出しなければならない。

② 予算について、参議院で衆議院と異なつた議決をした場合に、法律の定めるところにより、両議院の協議会を開いても意見が一致しないとき、又は参議院が、衆議院の可決した予算を受け取った後、国会休会中の期間を除いて三十日以内に、議決しないときは、衆議

院の議決を国会の議決とする。

第六十一条　条約の締結に必要な国会の承認については、前条第二項の規定を準用する。

第六十二条　両議院は、各〻国政に関する調査を行ひ、これに関して、証人の出頭及び証言並びに記録の提出を要求することができる。

第六十三条　内閣総理大臣その他の国務大臣は、両議院の一に議席を有すると有しないとにかかはらず、何時でも議案について発言するため議院に出席することができる。又、答弁又は説明のため出席を求められたときは、出席しなければならない。

第六十四条　国会は、罷免の訴追を受けた裁判官を裁判するため、両議院の議員で組織する弾劾裁判所を設ける。

② 弾劾に関する事項は、法律でこれを定める。

第五章　内閣

第六十五条　行政権は、内閣に属する。
第六十六条　内閣は、法律の定めるところにより、その首長たる内閣総理大臣及びその他の国務大臣でこれを組織する。
② 内閣総理大臣その他の国務大臣は、文民でなければならない。
③ 内閣は、行政権の行使について、国会に対し連帯して責任を負ふ。
第六十七条　内閣総理大臣は、国会議員の中から国会の議決で、これを指名する。この指名は、他のすべての案件に先だつて、これを行ふ。
② 衆議院と参議院とが異なつた指名の議決をした場合に、法律の定めるところにより、両議院の協議会を開いても意見が一致しないとき、又は衆議院が指名の議決をした後、国会休会中の期間を除いて十日以内に、参議院が、指名の議決をしないときは、衆議院の議決を国会の議決とする。
第六十八条　内閣総理大臣は、国務大臣を任命する。但し、その過半数は、国会議員の中から選ばれなければならない。
② 内閣総理大臣は、任意に国務大臣を罷免することができる。
第六十九条　内閣は、衆議院で不信任の決議案を可決し、又は信任の決議案を否決したときは、十日以内に衆議院が解散されない限り、総辞職をしなければならない。
第七十条　内閣総理大臣が欠けたとき、又は衆

議院議員総選挙の後に初めて国会の召集があつたときは、内閣は、総辞職をしなければならない。

第七十一条　前二条の場合には、内閣は、あらたに内閣総理大臣が任命されるまで引き続きその職務を行ふ。

第七十二条　内閣総理大臣は、内閣を代表して議案を国会に提出し、一般国務及び外交関係について国会に報告し、並びに行政各部を指揮監督する。

第七十三条　内閣は、他の一般行政事務の外、左の事務を行ふ。
一　法律を誠実に執行し、国務を総理すること。
二　外交関係を処理すること。
三　条約を締結すること。但し、事前に、時宜によつては事後に、国会の承認を経ることを必要とする。
四　法律の定める基準に従ひ、官吏に関する事務を掌理すること。
五　予算を作成して国会に提出すること。
六　この憲法及び法律の規定を実施するために、政令を制定すること。但し、政令には、特にその法律の委任がある場合を除いては、罰則を設けることができない。
七　大赦、特赦、減刑、刑の執行の免除及び復権を決定すること。

第七十四条　法律及び政令には、すべて主任の国務大臣が署名し、内閣総理大臣が連署することを必要とする。

第七十五条　国務大臣は、その在任中、内閣総理大臣の同意がなければ、訴追されない。但

第六章　司法

第七十六条　すべて司法権は、最高裁判所及び法律の定めるところにより設置する下級裁判所に属する。

② 特別裁判所は、これを設置することができない。行政機関は、終審として裁判を行ふことができない。

③ すべて裁判官は、その良心に従ひ独立してその職権を行ひ、この憲法及び法律にのみ拘束される。

第七十七条　最高裁判所は、訴訟に関する手続、弁護士、裁判所の内部規律及び司法事務処理に関する事項について、規則を定める権限を有する。

② 検察官は、最高裁判所の定める規則に従はなければならない。

③ 最高裁判所は、下級裁判所に関する規則を定める権限を、下級裁判所に委任することができる。

第七十八条　裁判官は、裁判により、心身の故障のために職務を執ることができないと決定された場合を除いては、公の弾劾によらなければ罷免されない。裁判官の懲戒処分は、行政機関がこれを行ふことはできない。

第七十九条　最高裁判所は、その長たる裁判官及び法律の定める員数のその他の裁判官でこれを構成し、その長たる裁判官以外の裁判官は、内閣でこれを任命する。

② 最高裁判所の裁判官の任命は、その任命後

初めて行はれる衆議院議員総選挙の際国民の審査に付し、その後十年を経過した後初めて行はれる衆議院議員総選挙の際更に審査に付し、その後も同様とする。

③ 前項の場合において、投票者の多数が裁判官の罷免を可とするときは、その裁判官は、罷免される。

④ 審査に関する事項は、法律でこれを定める。

⑤ 最高裁判所の裁判官は、法律の定める年齢に達した時に退官する。

⑥ 最高裁判所の裁判官は、すべて定期に相当額の報酬を受ける。この報酬は、在任中、これを減額することができない。

第八十条　下級裁判所の裁判官は、最高裁判所の指名した者の名簿によって、内閣でこれを任命する。その裁判官は、任期を十年とし、再任されることができる。但し、法律の定める年齢に達した時には退官する。

② 下級裁判所の裁判官は、すべて定期に相当額の報酬を受ける。この報酬は、在任中、これを減額することができない。

第八十一条　最高裁判所は、一切の法律、命令、規則又は処分が憲法に適合するかしないかを決定する権限を有する終審裁判所である。

第八十二条　裁判の対審及び判決は、公開法廷でこれを行ふ。

② 裁判所が、裁判官の全員一致で、公の秩序又は善良の風俗を害する虞があると決した場合には、対審は、公開しないでこれを行ふことができる。但し、政治犯罪、出版に関する犯罪又はこの憲法第三章で保障する国民の権利が問題となつてゐる事件の対審は、常にこ

250

れを公開しなければならない。

第七章　財政

第八十三条　国の財政を処理する権限は、国会の議決に基いて、これを行使しなければならない。

第八十四条　あらたに租税を課し、又は現行の租税を変更するには、法律又は法律の定める条件によることを必要とする。

第八十五条　国費を支出し、又は国が債務を負担するには、国会の議決に基くことを必要とする。

第八十六条　内閣は、毎会計年度の予算を作成し、国会に提出して、その審議を受け議決を経なければならない。

第八十七条　予見し難い予算の不足に充てるため、国会の議決に基いて予備費を設け、内閣の責任でこれを支出することができる。

② すべて予備費の支出については、内閣は、事後に国会の承諾を得なければならない。

第八十八条　すべて皇室財産は、国に属する。すべて皇室の費用は、予算に計上して国会の議決を経なければならない。

第八十九条　公金その他の公の財産は、宗教上の組織若しくは団体の使用、便益若しくは維持のため、又は公の支配に属しない慈善、教育若しくは博愛の事業に対し、これを支出し、又はその利用に供してはならない。

第九十条　国の収入支出の決算は、すべて毎年会計検査院がこれを検査し、内閣は、次の年度に、その検査報告とともに、これを国会に

提出しなければならない。

② 会計検査院の組織及び権限は、法律でこれを定める。

第九十一条　内閣は、国会及び国民に対し、定期に、少なくとも毎年一回、国の財政状況について報告しなければならない。

第八章　地方自治

第九十二条　地方公共団体の組織及び運営に関する事項は、地方自治の本旨に基いて、法律でこれを定める。

第九十三条　地方公共団体には、法律の定めるところにより、その議事機関として議会を設置する。

② 地方公共団体の長、その議会の議員及び法律の定めるその他の吏員は、その地方公共団体の住民が、直接これを選挙する。

第九十四条　地方公共団体は、その財産を管理し、事務を処理し、及び行政を執行する権能を有し、法律の範囲内で条例を制定することができる。

第九十五条　一の地方公共団体のみに適用される特別法は、法律の定めるところにより、その地方公共団体の住民の投票においてその過半数の同意を得なければ、国会は、これを制定することができない。

第九章　改正

第九十六条　この憲法の改正は、各議院の総議員の三分の二以上の賛成で、国会が、これを

日本国憲法 全文

発議し、国民に提案してその承認を経なければならない。この承認には、特別の国民投票又は国会の定める選挙の際行はれる投票において、その過半数の賛成を必要とする。

② 憲法改正について前項の承認を経たときは、天皇は、国民の名で、この憲法と一体を成すものとして、直ちにこれを公布する。

第十章　最高法規

第九十七条　この憲法が日本国民に保障する基本的人権は、人類の多年にわたる自由獲得の努力の成果であつて、これらの権利は、過去幾多の試錬に堪へ、現在及び将来の国民に対し、侵すことのできない永久の権利として信託されたものである。

第九十八条　この憲法は、国の最高法規であつて、その条規に反する法律、命令、詔勅及び国務に関するその他の行為の全部又は一部は、その効力を有しない。

② 日本国が締結した条約及び確立された国際法規は、これを誠実に遵守することを必要とする。

第九十九条　天皇又は摂政及び国務大臣、国会議員、裁判官その他の公務員は、この憲法を尊重し擁護する義務を負ふ。

第十一章　補則

第一〇〇条　この憲法は、公布の日から起算して六箇月を経過した日から、これを施行する。

② この憲法を施行するために必要な法律の制

253

定、参議院議員の選挙及び国会召集の手続並びにこの憲法を施行するために必要な準備手続は、前項の期日よりも前に、これを行ふことができる。

第一〇一条　この憲法施行の際、参議院がまだ成立してゐないときは、その成立するまでの間、衆議院は、国会としての権限を行ふ。

第一〇二条　この憲法による第一期の参議院議員のうち、その半数の者の任期は、これを三年とする。その議員は、法律の定めるところにより、これを定める。

第一〇三条　この憲法施行の際現に在職する国務大臣、衆議院議員及び裁判官並びにその他の公務員で、その地位に相応する地位がこの憲法で認められてゐる者は、法律で特別の定をした場合を除いては、この憲法施行のため、当然にはその地位を失ふことはない。但し、この憲法によつて、後任者が選挙又は任命されたときは、当然その地位を失ふ。

池上 彰 1950(昭和25)年長野県生まれ。慶應大卒。73年NHK入局。報道局社会部記者、『週刊こどもニュース』で解説を務めた後、2005年よりフリージャーナリスト。東工大教授。著書に『伝える力』等。

Ⓢ 新潮新書

613

ちょうやく
超訳
に ほんこくけんぽう
日本国憲法

いけがみ あきら
著者 池上 彰

2015年4月20日　発行
2015年5月15日　3刷

発行者　佐藤 隆信
発行所　株式会社新潮社
〒162-8711　東京都新宿区矢来町71番地
編集部(03)3266-5430　読者係(03)3266-5111
http://www.shinchosha.co.jp

印刷所　大日本印刷株式会社
製本所　加藤製本株式会社
Ⓒ Akira Ikegami 2015, Printed in Japan

乱丁・落丁本は、ご面倒ですが
小社読者係宛お送りください。
送料小社負担にてお取替えいたします。

ISBN978-4-10-610613-2 C0232

価格はカバーに表示してあります。

ⓢ 新潮新書

569 日本人に生まれて、まあよかった　平川祐弘

「自虐」に飽きたすべての人に――。日本人が自信を取り戻し、日本が世界に「もてる」国になるための秘策とは？　東大名誉教授が戦後民主主義の歪みを斬る、辛口・本音の日本論！

558 日本人のための「集団的自衛権」入門　石破　茂

その成り立ちやリスク、メリット等、基礎知識を平易に解説した上で、「日本が戦争に巻き込まれる危険が増す」といった誤解、俗説の問題点を冷静かつ徹底的に検討した渾身の一冊。

600 賢者の戦略　生き残るためのインテリジェンス　手嶋龍一　佐藤　優

イスラム国、ウクライナ併合、拉致被害調査、集団的自衛権……不可解な現代世界の「深層」と日本が生き残るための「解答」を、最強の外交的知性が鮮やかに導き出す。

003 バカの壁　養老孟司

話が通じない相手との間には何があるのか。「共同体」「無意識」「脳」「身体」など多様な角度から考えると見えてくる、私たちを取り囲む「壁」とは――。

141 国家の品格　藤原正彦

アメリカ並の「普通の国」になってはいけない。日本固有の「情緒の文化」と武士道精神の大切さを再認識し、「孤高の日本」に愛と誇りを取り戻せ。誰も書けなかった画期的日本人論。